中島マリン
ナタヤ・ヤマカノン・リンチ

ひとりで学べるタイ語レッスン

めこん

まえがき

　タイへ旅行したときに、現地の人とコミュニケーションができたらいいな
と思う人は大勢いると思います。中には自分で勉強しようと書店でいろいろ
なテキストを手にとってはみたものの、タイ語の文字や文法の複雑さに戸惑
い、タイ語を諦めてしまった人もいると思います。そんな方のために、独学
でも勉強ができる分かりやすいタイ語の入門書を作れないかと考えました。

　私たちは長年タイ語教育に携わってきました。通常は、タイ文字や発音記号
から授業を始めるのですが、時間がかかるため、すぐにでもタイ語を話した
い方には向いていません。そこで、他の学習方法はないかと考え、カタカナ
を使ってタイ語を学習できるこの本を作りました。カタカナを使うことで、
日本人には学習のハードルはかなり下がります。タイ語には5つの声調があ
ります。日本語には無い声調は、カタカナの上に「声調符号」をつけること
で、声調を確認しながら学習できるように工夫しました。さらに、正しい発音
を身につけるために、吹き込みの回数と速度を工夫した音声を、ダウンロード
可能な音声と付録の CD にしましたので、繰り返しタイ人の発音を聴きながら
練習できます。

　特に私たちが授業で大切にしている「分かりやすさ」や「楽しさ」も考慮
して、この本を作りました。順番通りに文法を学び、練習問題を解いていく
ことで、簡単な日常会話ができるようになります。初めてタイ語を学ぶ方に
無理なく楽しく学んでほしい。そして、この本がタイ語を学ぶ最初の扉にな
りたいという願いを詰め込んだ一冊です。これをきっかけにタイ語の世界を
知り、学んだタイ語を使ってタイ人との交流の輪を広げていただければ幸い
です。

著者

独学で勉強するなら、この本がおすすめ！　その理由は

1　見やすさを追求（見て覚える）

文字が大きく、全ページオールカラーで見やすい。単語のイメージが頭に入るように、イラストをたくさん使っています。重要ポイントは太文字にしてあり、名詞、動詞、形容詞などをそれぞれカラーで分け、語順を図にして、分かりやすく解説しています。

2　音声（聴いて覚える）

正しい発音を確認できるように、カタカナに声調符号をつけ、ダウンロードした音声や付属のCDで何度も音声を聴きながら練習できます。日本語を1回、タイ語を2回収録してありますので、テキストを見ずに、音声を聴くだけで復習することができます。

3　練習帳形式（書いて覚える）

タイ文字ができなくても、カタカナで書いて単語と文章のパターンを覚えることができます。慣れてきたところで文章を作成する練習をします。思いだせない単語は「単語集」を見て確認できます。単語集は使いやすいように「日→タイ」表記になっています。カタカナだけでは物足りない方のために、タイ文字や発音記号も補助的につけました。

4　上のステージを目指す楽しさ

「たまご」、「ひよこ」、「にわとり」と「焼き鳥」の4段階のステージが設定されています。「たまご」からはじまり、徐々に「焼き鳥」を目指します。自分のステージを確認しながら、上のステージを目指す楽しさがあります。

学習の順序

最初のページから順番に進めてください。ページを飛ばすと理解できなくなるので、飛ばして読まないでください。

▼

この本は、全部で4つのステージに分けられています。学習を進めるにつれて、

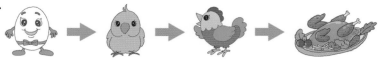

たまご　→　ひよこ　→　にわとり　→　ガイヤーン（焼き鳥）

の順にレベルアップしていきます。

▼

第5課からは「会話」、「単語」に「文法・表現」が加わります。
「単語を覚える」→「文法・表現を読んで理解する」→「練習問題を解く」→「会話を読む」の順で読み進んでください。
なお、第9課、第16課と第22課は復習になるので、1番から練習問題を解いてください。「解答」は本の最後についています。

▼

第5課からは練習問題の横に「レベルチェックボックス」があります。
全部正解したら、下の図のようにチェックボックスにマークをつけてください。1つでも間違えたら、チェックをせず、後日戻って復習してください。

▼

タイ人の発音に近づけるために、必ず音声を聴いて復唱してください。声を出して練習することはとても大事です。では、「ガイヤーン（焼き鳥）」を目指してがんばりましょう。

3

もくじ

付属の CD は テキストを見ないで復習できるように日本語を
1 回、タイ語を 2 回（最初は女性の声でゆっくり、2 度目は
男性の声で普通の速さ）で吹き込んであります。まずは、
ゆっくり話す女性の声で単語を思い出し、語順を整理しま
す。慣れないうちは、女性の声を聴いた後に復唱し、正しく
発音できるようになったら、男性の声の後に復唱してくだ
さい。普通の速さで話すときは、多少声調や長さが 1 回目と
異なります。音声を繰り返し聴くことによって、無理なく
効果的にタイ語に馴染んでいけます。

CD プレイヤーをお持ちでない方のために、CD と同じ音声を
vector PC Shop でダウンロード販売しています。
https://s.shop.vector.co.jp/service/list/maker/SA029621/
めこんのホームページの書籍一覧からでもアクセスできます。

プレレッスン

カタカナからタイ語への学習

　タイ語には時制や動詞の変化、敬語がありません。カタカナを使ってタイ語の単語と文の組み立て方を覚えれば、簡単なことはすぐ話せるようになります。しかし、カタカナをそのまま読み上げるだけでは、タイ人にはあまり通じないでしょう。カタカナはタイ語の「音」、つまり正しい発音と声調を表すことはできないからです。

　タイ人の話すタイ語を聞き取り、タイ人が理解してくれるようなタイ語を話せるようになるためには、もうひとつのステップ、「カタカナからタイ語への学習」が必要になります。

　ただし、ここでは

タイ文字や発音記号は勉強しません。

　理屈ではありません。ややこしいことは敬遠します。ひたすらタイ人の発音を聞いて、その音をまねしてください。それが「カタカナからタイ語へ」のステップです。けっして難しいことではありませんが、耳と口がタイ語になじむまでにはそれなりに時間がかかるでしょう。しかし、これは避けて通るわけにはいかないステップです。このテキストの音声には、その学習の手助けとして、タイ人の吹き込みの回数や速度に工夫がこらしてあります。タイ人の発音を繰り返し聞いてまねした回数が、タイ語を聞く能力・話す能力に正直に反映されます。

　では、タイ語の発音とカタカナの発音とでは、どのような違いがあるのか。たとえば、日本語のトムヤムクンとタイ語のトムヤムクン（tômyam kûŋ ต้มยำกุ้ง）。タイ人の発音を聞けば、発音と声調（音の高低）が違うのがすぐ分かるはずです。

ほかにも日本人になじみのある単語を聞いて、その違いを確認し、まねしてみてください。

CD 1 01

トムヤムクン	トムヤムクン	tômyamkûŋ, ต้มยำกุ้ง
パクチー	パックチー	pàkchii, ผักชี
トゥクトゥク	トゥクトゥク	túktúk, ตุ๊กตุ๊ก
コンピュータ	コンピュートァー	khɔmphíwtêə, คอมพิวเตอร์

　それでもやはりタイ文字と発音記号も少しは知っておきたいという方もいると思います。巻末に参考として「タイ文字の一覧表」、「発音記号と声調」を載せてあるので、興味のある方はご覧ください。

声調と声調符号

タイ語には5つ声調があります。「声調」とは、「音の高低」のことです。音の高低で単語の持つ意味が変わります。目で声調を区別できるように（＼）、（∧）、（／）、（∨）の記号で声調を表します。ダウンロードの音声やCDで声調を確認しながら、正しく発音してみましょう。

CD 1 02

● 平らな音（声調記号がついていない）●

「カレー」と発音したときの「平（たい）らな音」で発音します。
例：ドゥー（見る）、リアン（勉強する）、パイ（行く）、マー（来る）、ガーン（仕事）、クン（あなた）、ヤー（薬）、ワン（日、曜日）、チャーン（皿）

CD 1 03

● ドーの音（＼）●

ドレミファソラシドの「ドーの音」です。「ドー」と同じ低い音で発音します。
例：ゲン（上手だ）、スィー（4）、ペッ（辛い）、サイ（入れる）、ユッ（休む、止まる）、グーッ（生まれる）

CD 1 04

● カラスの音（∧）●

カラスは「カー、カー」と鳴きます。鳴き声と同じ高さの音で発音します。屋根に似た符号を見たら「カラスの鳴き声」と同じ音だと連想してください。
例：クン（エビ）、ラオ（酒）、カーオ（ご飯）、ポー（父）、プアン（友達）、グライ（近い）

CD 1 05

● アレッ？の音（／）●

「アレッ？さっき何を言おうとしたっけ」の「レッ？」の音です。軽く語尾を上げて発音します。

例：マー（馬）、チャー（遅い）、ルー（知る）、ト（机）、ナーム（水）、ファー（空）、チャイ（使う）、ローン（暑い、熱い）、スー（買う）

CD 1 06

● 落胆の音（∨）●

落胆したときに言う「あーあ〜」の「あ〜」の音です。声を押し上げるように発音します。

例：ニー（逃げる）、ナン（映画）、ナーオ（寒い）、ミー（熊）、ヌー（ねずみ）、ピー（お化け）、モー（医者）、キアン（書く）、カオ（彼、彼女）、

 「声調」によって意味が変わるので、何度も音声を聴きながらしっかり声調を身につけましょう。

13

　プレレッスンでは、タイ語の基礎を学びます。これからのタイ語学習の基本となるのでしっかり覚えましょう。

　まず、タイ語が難しいと思っている方、実は

タイ語は難しくありません。

タイ語は

1.　時制（過去・現在・未来）によって、動詞は変化しません。
2.　「丁寧語」はあるが、「敬語」、「謙遜語」がありません。
　　男性の場合、文末に「クラップ（khráp, ครับ）」、女性の場合は、文末に「カ（khâ, ค่ะ）」をつけるだけで「丁寧語」になります。

つまり、タイ語の文法は比較的簡単で、日本人には入りやすいといえます。

文の構成

タイ語は、単語をつなげていくだけで文章が完成します。

	ぼく（男性） ポ̌ム phǒm ผม	わたし（女性） チャ̌ン chǎn ฉัน	あなた クン khun คุณ
主語　：			

	食べる、飲む ギン kin กิน	見る、観る ドゥー duu ดู	聞く、聴く ファン faŋ ฟัง
動詞　：			

	果物 ポ̌ンラマ́ーイ phǒnlamáai ผลไม้	映画 ナ̌ン nǎŋ หนัง	歌 プレーン phleeŋ เพลง
目的語：			

ポイントは、主語 ＋ 動詞 ＋ 目的語 の順番につなげていくこと。目的語は
おもに名詞ですが、この課ではわかりやすいよう青色で表します。

・　ぼくは果物を食べる。　　　　　ポム　ギン　ポンラマーイ
　　　　　　　　　　　　　　　　　phǒm kin phǒnlamáai　ผม กิน ผลไม้

・　わたしは映画を観る。　　　　　チャン　ドゥー　ナン
　　　　　　　　　　　　　　　　　chǎn duu nǎŋ　ฉัน ดู หนัง

・　あなたは歌を聴く。　　　　　　クン　ファン　プレーン
　　　　　　　　　　　　　　　　　khun faŋ phleeŋ　คุณ ฟัง เพลง

単語をつないでいくだけなので、難しくありませんね。では、前の頁の単語
と次の単語を使って文章を完成していきましょう。線の上に正しい単語を
入れてください。

 発音記号とタイ文字は補助的なものなので、薄く印刷してあります。
　　　　　　タイ文字や発音記号を学んでいない方は、気にしなくても大丈夫です。
練習問題の答えはカタカナでいいですよ。解答はこの本の最後にあります。

ご飯 カーオ khâao ข้าว	お菓子 カノム khanǒm ขนม	コーヒー ガーフェー kaafɛɛ กาแฟ	薬 ヤー yaa ยา

1.　ぼくはご飯を食べる。　　　　　ポム　_____　カーオ

　　　　　　　　　　　　　　　　　phǒm _____ khâao

2.　ぼくはお菓子を食べる。　　　　ポム　ギン　_____

　　　　　　　　　　　　　　　　　phǒm kin _____

3.　わたしはコーヒーを飲む。　　　_____ギン　ガーフェー

　　　　　　　　　　　　　　　　　_____ kin kaafɛɛ

4. わたしは薬を飲む。　　　　　チャン　ギン　＿＿＿＿＿＿＿

　　　　　　　　　　　　　　　　chǎn kin ＿＿＿＿＿＿＿

5. あなたは薬を飲む。　　　　　＿＿＿＿＿ギン　ヤー

　　　　　　　　　　　　　　　　＿＿＿＿＿＿＿ kin yaa

疑問文（ルーˇプラオ?）

「～ですか?」や「～ますか?」で終わる疑問文を作るには、文末に
「ルーˇプラオ?」をつけます。

🎧 08

・あなたはお菓子を食べますか。　　クン　ギン　カˇノム　ルーˇプラˋオ?

　　　　　　　　　　　　　　　　khun kin khanǒm rǔɯplào？

　　　　　　　　　　　　　　　　คุณ กิน ขนม หรือเปล่า

・あなたはコーヒーを飲みますか。　クン　ギン　ガーフェー　ルーˇプラˋオ?

　　　　　　　　　　　　　　　　khun kin kaafɛɛ rǔɯplào？

　　　　　　　　　　　　　　　　คุณ กิน กาแฟ หรือเปล่า

・あなたは歌を聴きますか。　　　　クン　ファン　プレーン　ルーˇプラˋオ?

　　　　　　　　　　　　　　　　khun faŋ phleeŋ rǔɯplào？

　　　　　　　　　　　　　　　　คุณ ฟัง เพลง หรือเปล่า

　では、前の頁の単語と次の単語を使って文章を完成していきましょう。
線の上に正しい単語を入れてください。

彼、彼女 カˇオ khǎo เขา	好む チョˆープ chɔ̂ɔp ชอบ	サッカー／フッボン fútbɔn ฟุตบอล	酒 ラˆオ lâo เหล้า

16

6. 彼女は歌を聴きますか。

　　_____ ファン　プレーン　ルˇープˋラオ？

　　_____ faŋ phleeŋ rɯ̌ɯplào？

7. あなたは酒が好きですか。

　　クン　チョ̂ープ　ラ̂オ _____？

　　khun chɔ̂ɔp lâo _____？

8. あなたは果物を食べますか。

　　クン　ギン _____ ルˇープˋラオ？

　　khun kin _____ rɯ̌ɯplào？

9. 彼はコーヒーが好きですか。

　　カˇオ _____ ガˇーフェ̀ー　ルˇープˋラオ？

　　khǎo _____ kaafɛɛ rɯ̌ɯplào？

10. 彼はサッカーが好きですか。

　　カˇオ　チョ̂ープ _____ ルˇープˋラオ？

　　khǎo chɔ̂ɔp _____ rɯ̌ɯplào？

否定文（マ̂イ）

否定文を作るときは、英語の「NOT」の意味を持つ「マ̂イ」を否定したい語（動詞／形容詞）の前に置きます。

CD1 09

・　わたしは食べない。　　　　チャˇン　マ̂イ　ギン

　　　　　　　　　　　　　　chǎn mâi kin　ฉัน ไม่ กิน

- わたしはお菓子を食べない。　　チャン　マイ　ギン　カノム

  chăn mâi kin khanŏm

  ฉัน ไม่ กิน ขนม

- ぼくは歌を聴かない。　　ポム　マイ　ファン　プレーン

  phŏm mâi faŋ phleeŋ

  ผม ไม่ ฟัง เพลง

次の単語や習った単語を使って文章を完成していきましょう。線の上に
正しい単語を入れてください。

友達 プアン phûan เพื่อน	仕事する タム ガーン tham ŋaan ทำ งาน	勉強する リアン rian เรียน

11. 友達は歌を聴かない。

プアン　マイ　ファン　＿＿＿＿＿＿＿

phûan mâi faŋ ＿＿＿＿＿＿＿

12. 友達はコーヒーを飲まない。

プアン　＿＿＿＿＿＿＿　ギン　ガーフェー

phûan ＿＿＿＿＿＿＿ kin kaafɛɛ

13. 友達は酒が好きではない。

＿＿＿＿＿＿＿　マイ　チョープ　ラオ

＿＿＿＿＿＿＿ mâi chɔ̂ɔp lâo

14. 友達は仕事をするのが好きではない。

プアン　マイ　チョープ　＿＿＿＿＿＿＿

phûan mâi chɔ̂ɔp ＿＿＿＿＿＿＿

15. 彼は勉強が好きではない。

＿＿＿＿＿＿＿＿＿＿　マイ　チョープ　リアン

＿＿＿＿＿＿＿＿＿＿ mâi chɔ̂ɔp rian

次のタイ語と同じ意味の日本語を線でつなぎましょう。

16. ポム　　　・　　　　　　　・ア．友達
    phǒm, ผม

17. プアン　　・　　　　　　　・イ．ぼく
    phŵan, เพื่อน

18. クン　　　・　　　　　　　・ウ．わたし
    khun, คุณ

19. カオ　　　・　　　　　　　・エ．彼、彼女
    khǎo, เขา

20. チャン　　・　　　　　　　・オ．あなた
    chǎn, ฉัน

21. ギン　　　　　　・　　　　・ア．勉強する
    kin, กิน

22. タム　ガーン・　　　　　　・イ．食べる
    tham ŋaan, ทำ งาน

23. ドゥー　　　・　　　　　　・ウ．好き
    duu, ดู

24. チョープ　・　　　　　　　・エ．仕事する
    chɔ̂ɔp, ชอบ

25. リアン　　　・　　　　　　・オ．見る
    rian, เรียน

次のタイ語と同じ意味の日本語を線でつなぎましょう。

26. ガーフェー　　・　　　　　　　　　・　ア．果物
　　　kaafɛɛ, กาแฟ

27. プレーン　　　・　　　　　　　　　・　イ．酒
　　　phleeŋ, เพลง

28. ナン　　　　　・　　　　　　　　　・　ウ．コーヒー
　　　nǎŋ, หนัง

29. ラオ　　　　　・　　　　　　　　　・　エ．歌
　　　lâo, เหล้า

30. ポンラマーイ　・　　　　　　　　　・　オ．映画
　　　phǒnlamáai, ผลไม้

 タイ語では「動詞」で質問されたら「はい、いいえ」ではなく「動詞」で答えることがよくあります。

問：　あなたは勉強が好きですか。

　　　クン　　チョープ　リアン　ループラオ？
　　　khun chôɔp rian rɯ̌ɯplào？
　　　คุณ ชอบ เรียน หรือเปล่า

答：　好きです。　　　　　／　　　好きではありません。

　　　チョープ　　　　　　／　　　マイ　チョープ
　　　chôɔp　ชอบ　　　　／　　　mâi chôɔp　ไม่ ชอบ

ここで覚えた単語をもう一度復習しましょう。カタカナを隠しながら日本語だけを見て、タイ語を言ってみてください。さて、いくつ覚えているかな？

ぼく、わたし（男性）	ポム	phǒm, ผม
わたし（女性）	チャン	chǎn, ฉัน
あなた	クン	khun, คุณ
彼、彼女	カオ	khǎo, เขา
友達	プアン	phɯ̂an, เพื่อน
食べる、飲む	ギン	kin, กิน
聴く、聞く	ファン	faŋ, ฟัง
観る、見る	ドゥー	duu, ดู
好き、好む	チョープ	chɔ̂ɔp, ชอบ
仕事する	タム　ガーン	tham ŋaan, ทำ งาน
勉強する	リアン	rian, เรียน
果物	ポンラマーイ	phǒnlamáai, ผลไม้
歌	プレーン	phleeŋ, เพลง
映画	ナン	nǎŋ, หนัง
ご飯	カーオ	khâao, ข้าว
お菓子	カノム	khanǒm, ขนม
コーヒー	ガーフェー	kaafɛɛ, กาแฟ
薬	ヤー	yaa, ยา
酒	ラオ	lâo, เหล้า
サッカー	フッボン	fútbɔn, ฟุตบอล
ですか、ますか	ループラオ？	rɯ̌ɯplào, หรือเปล่า
否定語	マイ	mâi, ไม่

◆ 会話 ◆

はるき: あなたはコーヒーを飲みますか。

ナリン: 飲みます。

はるき: あなたは果物を食べますか。

ナリン: 食べません。ぼくは果物が好きではありません。

はるき: クン　ギン　ガーフェー　ループラオ　クラップ？

khun kin kaafɛɛ rɯ̌ɯplào khráp？

คุณ กิน กาแฟ หรือเปล่า ครับ

ナリン: ギン　カ

kin khâ

กิน ค่ะ

はるき: クン　ギン　ポンラマーイ　ループラオ　クラップ？

khun kin phǒnlamáai rɯ̌ɯplào khráp？

คุณ กิน ผลไม้ หรือเปล่า ครับ

ナリン: マイ　ギン　カ。チャン　マイ　チョープ　ポンラマーイ　カ

mâi kin khâ, chǎn mâi chɔ̂ɔp phǒnlamáai khâ

ไม่ กิน ค่ะ ฉัน ไม่ ชอบ ผลไม้ ค่ะ

タイ語は、話し手が男性の場合、文末に「クラップ（khráp, ครับ）」をつけるだけで丁寧語になります。女性の場合は「カ（khâ, ค่ะ）」をつけます。日本語で「～です、～ます」という訳になります。「～です、～ます」という意味以外に、「はい」という意味もあります。相槌をうつときも「クラップ」、「カ」を使います。女性の場合、肯定文のときは「カ」、疑問文のときは「カ」と発音します。

複合語の作り方

🎵12

　タイ語には、2つの単語からできた「複合語」がたくさんあります。タイ語の複合語の語順は、<u>日本語と逆</u>になります。

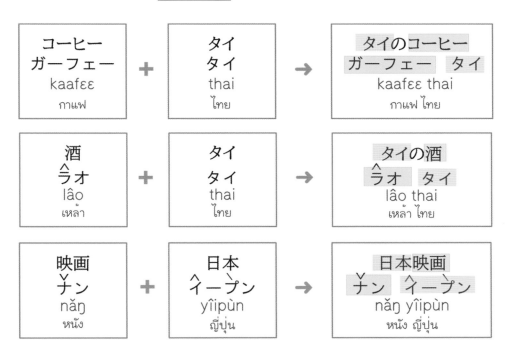

　習った単語と次の単語を使って複合語を作りましょう。線の上に正しい単語を入れてください。

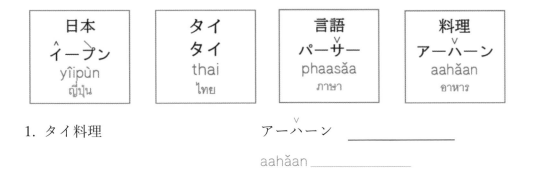

1. タイ料理　　　　　　　　　アーハーン ＿＿＿＿＿＿＿

　　　　　　　　　　　　　　 aahǎan ＿＿＿＿＿＿＿

2. タイ映画　　　　　　　　＿＿＿＿＿＿＿　タイ

　　　　　　　　　　　　　＿＿＿＿＿＿＿thai

3. 日本料理　　　　　　　　＿＿＿＿＿＿＿　イープン

　　　　　　　　　　　　　＿＿＿＿＿＿＿yîipùn

4. 日本語　　　　　　　パーサー　＿＿＿＿＿＿＿

　　　　　　　　　　　phaasǎa ＿＿＿＿＿＿

5. 日本のお菓子　　　　　＿＿＿＿＿＿　イープン

　　　　　　　　　　　　　＿＿＿＿＿＿yîipùn

　　　線の上に正しいタイ語を入れましょう。複合語をしっかり覚えられる
　　　ように、単語の下にブルーの下線を引きました。

6.　A：あなたは日本料理が好きですか。

　　　クン　チョープ　＿＿＿＿＿＿＿＿＿＿＿　ループラオ？

　　　khun chɔ̂ɔp ＿＿＿＿＿＿＿＿＿＿＿ rɯ̌ɯplào？

　　B：好きです。

　　　チョープ

　　　chɔ̂ɔp

7.　A：あなたは日本の歌を聴きますか。

　　　クン　ファン　＿＿＿＿＿＿＿＿＿＿　ループラオ？

　　　khun faŋ ＿＿＿＿＿＿＿＿＿ rɯ̌ɯplào？

　　B：聴きません。

　　　マイ　ファン

　　　mâi faŋ

複合語を作ってみましょう。

料理
ア̌ーハーン
aahǎan
อาหาร

日本
イ̂ープ̀ン
yîipùn
ญี่ปุ่น

映画
ナ̌ン
nǎŋ
หนัง

タイ
タイ
thai
ไทย

お菓子
カノ̌ム
khanǒm
ขนม

中国
チーン
ciin
จีน

国
ムアン
mɯaŋ
เมือง

英〜、イギリス
アングリ̀ッ
aŋkrìt,อังกฤษ

人
コン
khon
คน

〜語、言語
パ̌ーサー
phaasǎa
ภาษา

8. 中華料理

_____チーン

_____ciin

9. タイ映画

ナ̌ン_____

nǎŋ _____

10. 日本のお菓子

_____イ̂ープ̀ン

_____yîipùn

11. 英国

ムアン_____

mɯaŋ _____

12. 中国人

コン_____

khon _____

13. 英語

_____アングリ̀ッ

_____aŋkrìt

次のタイ語と同じ意味の日本語を線でつなぎましょう。

14. パーサー　　・　　　　　　　　・　ア．料理

　　phaasǎa, ภาษา

15. ムアン　　・　　　　　　　　・　イ．国

　　mɯaŋ, เมือง

16. ムアン　アングリッ　・　　　　　・　ウ．日本

　　mɯaŋ aŋkrìt, เมือง อังกฤษ

17. アーハーン　・　　　　　　　・　エ．英国

　　aahǎan, อาหาร

18. イープン　・　　　　　　　　・　オ．〜語、言語

　　yîipùn, ญี่ปุ่น

CD 1 13

ここで覚えた単語をもう一度復習しましょう。さて、いくつ覚えているかな？

タイ	タイ	thai, ไทย
日本	イープン	yîipùn, ญี่ปุ่น
中国	チーン	ciin, จีน
英〜、イギリス	アングリッ	aŋkrìt, อังกฤษ
料理	アーハーン	aahǎan, อาหาร
映画	ナン	nǎŋ, หนัง
人	コン	khon, คน
〜語、言語	パーサー	phaasǎa, ภาษา
国	ムアン	mɯaŋ, เมือง

◆ 会話 ◆

CD
1 14

はるき： ぼくはタイの国が好きです。

ナリン： わたしは日本の国が好きです。

はるき： あなたは日本の料理が好きですか。

ナリン： わたしは日本の料理が好きです。

はるき： ポム　チョープ　ムアン　タイ　クラップ

phǒm chɔ̂ɔp mɯaŋ thai khráp

ผม ชอบ เมือง ไทย ครับ

ナリン： チャン　チョープ　ムアン　イープン　カ

chǎn chɔ̂ɔp mɯaŋ yîipùn khâ

ฉัน ชอบ เมือง ญี่ปุ่น ค่ะ

はるき： クン　チョープ　アーハーン　イープン　ループラオ
クラップ？

khun chɔ̂ɔp aahǎan yîipùn rɯ́ɯplào khráp？

คุณ ชอบ อาหาร ญี่ปุ่น หรือเปล่า ครับ

ナリン： チャン　チョープ　アーハーン　イープン　カ

chǎn chɔ̂ɔp aahǎan yîipùn khâ

ฉัน ชอบ อาหาร ญี่ปุ่น ค่ะ

27

　「名詞と動詞」や「名詞と形容詞」の組み合わせで出来た「複合語」
もあります。その場合は「名詞」＋「動詞または形容詞」の順番になります。
こちらも日本語と語順は逆になります。

まずは、「動詞」との組み合わせを見てみましょう。

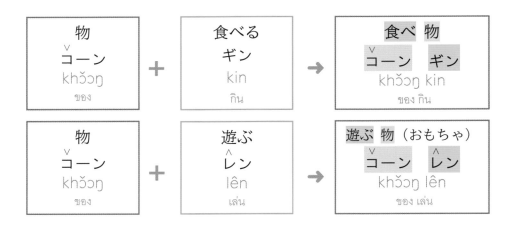

「形容詞」の位置も日本語と逆になります。

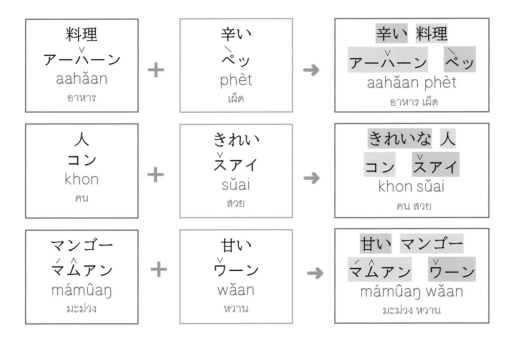

習った単語と次の単語を使って複合語を作りましょう。線の上に正しい
単語を入れてください。

仕事 ガーン ŋaan งาน	楽しい サヌ‹ック sanùk สนุก	おいしい ‹アロイ arɔ̀i อร่อย	難しい ^ヤーク yâak ยาก

19. 難しい仕事　　　　　ガーン＿＿＿＿＿＿　　ŋaan＿＿＿＿＿＿

20. 楽しい仕事　　　＿＿＿＿＿サヌ‹ック　　＿＿＿＿＿sanùk

21. おいしい料理　　　＿＿＿＿＿アロイ　　　＿＿＿＿＿arɔ̀i

22. おいしいマンゴー　マ‹ム^アン＿＿＿＿＿　mámûaŋ＿＿＿＿＿

23. 甘いお菓子　　　＿＿＿＿＿ワ‹ーン　　　＿＿＿＿＿wǎan

24.　A：　あなたは<u>甘いお菓子</u>が好きですか。

　　　　　クン　^チョープ＿＿＿＿＿＿＿＿ル‹ープ＼ラオ？

　　　　　khun chɔ̂ɔp ＿＿＿＿＿＿＿ rǔɯplào？

　　　B：　好きです。

　　　　　^チョープ

　　　　　chɔ̂ɔp

25.　A：　あなたは<u>辛い料理</u>が好きですか。

　　　　　クン　^チョープ＿＿＿＿＿＿＿＿＿ル‹ープ＼ラオ？

　　　　　khun chɔ̂ɔp ＿＿＿＿＿＿＿＿ rǔɯplào？

　　　B：　好きではありません。

　　　　　^マイ　^チョープ

　　　　　mâi chɔ̂ɔp

いろいろ複合語を作ってみましょう。

仕事 ガーン ŋaan งาน	難しい ヤーク yâak ยาก
映画 ナン nǎŋ หนัง	簡単な ガーイ ŋâai ง่าย
料理 アーハーン aahǎan อาหาร	楽しい サヌック sanùk สนุก
マンゴー マムアン mámûaŋ มะม่วง	辛い ペッ phèt เผ็ด
	甘い ワーン wǎan หวาน

26. 難しい仕事

　ガーン＿＿＿＿＿＿＿

　ŋaan ＿＿＿＿＿＿＿＿＿

27. 簡単な仕事

　＿＿＿＿＿＿＿＿ガーイ

　＿＿＿＿＿＿＿＿＿ŋâai

28. 楽しい映画

　ナン＿＿＿＿＿＿＿＿

　nǎŋ ＿＿＿＿＿＿＿＿＿

29. 辛い料理

　アーハーン＿＿＿＿＿

　aahǎan ＿＿＿＿＿＿＿

30. 甘いマンゴー

　＿＿＿＿＿＿＿＿ワーン

　＿＿＿＿＿＿＿＿ wǎan

次のタイ語と同じ意味の日本語を線でつなぎましょう。

31. ラオ   ・   ・ ア．ご飯
　　　lâo, เหล้า

32. ガーン   ・   ・ イ．酒
　　　ŋaan, งาน

33. プレーン   ・   ・ ウ．仕事
　　　phleeŋ, เพลง

34. カーオ   ・   ・ エ．コーヒー
　　　khâao, ข้าว

35. ガーフェー   ・   ・ オ．歌
　　　kaafɛɛ, กาแฟ

36 ヤーク   ・   ・ ア．おいしい
　　　yâak, ยาก

37 ガーイ   ・   ・ イ．辛い
　　　ŋâai, ง่าย

38 ペッ   ・   ・ ウ．きれいな
　　　phèt, เผ็ด

39 アロイ   ・   ・ エ．簡単な
　　　arɔ̀i, อร่อย

40 スアイ   ・   ・ オ．難しい
　　　sǔai, สวย

次の正しいタイ語訳に○をつけましょう。

41. 難しい

（ア）サヌック、sanùk　　　（イ）ヤーク、yâak　　　（ウ）リアン、rian

42. 仕事

（ア）ファン、faŋ　　　（イ）プレーン、phleeŋ　（ウ）ガーン、ŋaan

43. 楽しい

（ア）サヌック、sanùk　　　（イ）ギン、kin　　　（ウ）ラオ、lâo

44. おいしい

（ア）ガーフェー、kaafɛɛ　（イ）アロイ、arɔ̀i　　　（ウ）カーオ、khâao

45. きれいな、美しい

（ア）プアン、phûan　　　（イ）ペッ、phèt　　　（ウ）スアイ、sŭai

 「形容詞」は「動詞」と同じで、「形容詞」で質問されたら「はい／いいえ」ではなく形容詞で答えることもよくあります。

CD 1 16

問：　仕事は楽しいですか。

ガーン　サヌック　ループラオ？

ŋaan sanùk rɯ̌ɯɯplào？

งาน สนุก หรือเปล่า

答：　楽しいです。　　　／　　　楽しくないです。

サヌック　　　／　　**マイ　サヌック**

sanùk　　　／　　mâi sanùk

สนุก　　　／　　ไม่ สนุก

CD 1 17

　ここで覚えた単語をもう一度復習しましょう。しっかり単語を覚えれば、勉強が楽にすすみますよ。ファイト！

仕事	ガーン	ŋaan, งาน
マンゴー	マ́ム̂アン	mámûaŋ, มะม่วง
物	コ̌ーン	khɔ̌ɔŋ, ของ
おもちゃ（遊ぶ物）	コ̌ーン　レ̂ン	khɔ̌ɔŋ lên, ของ เล่น
食べ物	コ̌ーン　ギン	khɔ̌ɔŋ kin, ของ กิน
遊ぶ	レ̂ン	lên, เล่น
難しい	ヤ̂ーク	yâak, ยาก
簡単な	ガ̂ーイ	ŋâai, ง่าย
きれいな、美しい	スア̌イ	sǔai, สวย
楽しい	サヌ̀ック	sanùk, สนุก
甘い	ワ̌ーン	wǎan, หวาน
辛い	ペッ̀	phèt, เผ็ด
おいしい	アロ̀イ	arɔ̀i, อร่อย

◆ 会話 ◆

⒈🄳 18

はるき： タイ語は楽しいですか。

ナリン： 楽しいです。

はるき： タイ語は難しいですか。

ナリン： 難しくないです。

はるき： パーサー　タイ　サヌック　ループラオ　クラップ？

phaasǎa thai sanùk rǔɯplào khráp？

ภาษา ไทย สนุก หรือเปล่า ครับ

ナリン： サヌック　カ

sanùk khâ

สนุก ค่ะ

はるき： パーサー　タイ　ヤーク　ループラオ　クラップ？

phaasǎa thai yâak rǔɯplào khráp？

ภาษา ไทย ยาก หรือเปล่า ครับ

ナリン： マイ　ヤーク　カ

mâi yâak khâ

ไม่ ยาก ค่ะ

形容詞を使った文章

CD 19

「名詞」＋「形容詞」の場合、今まで勉強した複合語として訳すほかに、文章として訳すこともできます。

ガーン　サヌック　→　楽しい仕事 ／ 仕事が楽しい

次は２つの単語を並べて文章になったものです。

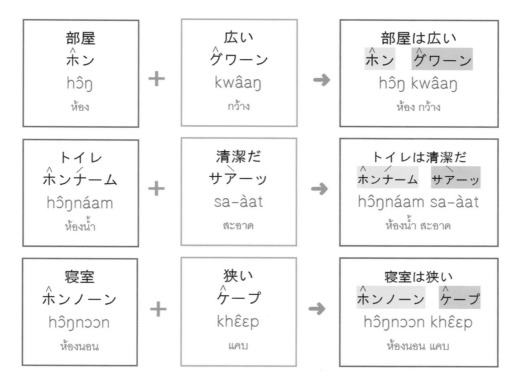

習った単語と次の単語を使って文章を作りましょう。線の上に正しい単語を入れてください。

| レストラン ／ ラーン　アーハーン ráan aahǎan ร้านอาหาร | ホテル ローンレーム rooŋrεεm โรงแรม | 小さい ／ レック lék เล็ก | 大きい ／ ヤイ yài ใหญ่ |

35

1. レストランは大きい。 　　_____ ヤイ

　　_____ yài

2. ホテルは小さい。 　　ローンレーム _____

roonrεεm _____

3. 部屋は清潔だ。 　　_____ サアーッ

_____ sa–àat

4. お手洗いは狭い。 　　_____ ケープ

_____ khêεp

5. 寝室は広い。 　　ホンノーン_____

hônnɔɔn _____

否定文（マイ）

否定文を作るときは、「マイ」を形容詞の前に置きます。

CD 20

- お手洗いは清潔ではない。　　ホンナーム　マイ　サアーッ

  hônnáam mâi sa–àat

  ห้องน้ำ ไม่ สะอาด

- ホテルは大きくない。　　ローンレーム　マイ　ヤイ

  roonrεεm mâi yài

  โรงแรม ไม่ ใหญ่

- 寝室は狭くない。　　ホンノーン　マイ　ケープ

  hônnɔɔn mâi khêεp

  ห้องนอน ไม่ แคบ

習った単語と次の単語を使って文章を作りましょう。線の上に正しい単語
を入れてください。

寺 ワッ wát วัด	デパート ハーン hâaŋ ห้าง	ベッド ティアン tiaŋ เตียง

6. デパートは大きくない。　　　　ハーン＿＿＿＿＿＿＿＿ヤイ

hâaŋ ＿＿＿＿＿＿＿＿＿ yài

7. 寺は小さくない。　　　　＿＿＿＿＿＿＿＿マイ　レック

＿＿＿＿＿＿＿＿＿ mâi lék

8. ベッドは狭くない。　　　ティアン　マイ＿＿＿＿＿＿＿

tiaŋ mâi ＿＿＿＿＿＿＿＿＿

9. ホテルは清潔ではない。　　＿＿＿＿＿＿＿　マイ　サアーッ

＿＿＿＿＿＿＿＿＿ mâi sa-àat

10. 寝室は広くない。　　　ホンノーン＿＿＿＿＿＿　グワーン

hɔ̂ŋnɔɔn＿＿＿＿＿＿＿＿ kwâaŋ

疑問文（ルー プラオ？）

文末に「ルー プラオ？」をつけると疑問文になります。答えるときは、
形容詞で答えましょう。

CD 21

問：　寝室は広いですか。　　　ホンノーン　グワーン　ルー プラオ？

hɔ̂ŋnɔɔn kwâaŋ rɯ̌ɯplào?

ห้องนอน กว้าง หรือเปล่า

37

答： 広いです。　　　　　　／　　　広くないです。
　　　グ゚ワーン　　　　　　　／　　　マイ　グ゚ワーン
　　　kwâaŋ　　　　　　　　／　　　mâi kwâaŋ
　　　กว้าง　　　　　　　　　／　　　ไม่ กว้าง

問： レストランは清潔ですか。
　　　ラーン アーハーン　サアーッ　ループラオ？
　　　ráan aahǎan sa-àat rɯ̌ɯplào？　ร้านอาหาร สะอาด หรือเปล่า

答： 清潔です。　　　　　　／　　　清潔ではありません。
　　　サアーッ　　　　　　　／　　　マイ　サアーッ
　　　sa-àat　　　　　　　　／　　　mâi sa-àat
　　　สะอาด　　　　　　　　／　　　ไม่ สะอาด

次の質問に答えましょう。

11. ホテルは小さいですか。　　　ローンレーム　レック　ループラオ？
　　　　　　　　　　　　　　　　　rooŋrɛɛm lék rɯ̌ɯplào？

　　　小さいです。　　　　→　_____
　　　小さくないです。　　→　_____

12. ベッドは広いですか。　　　　ティアン　グ゚ワーン　ループラオ？
　　　　　　　　　　　　　　　　　tiaŋ kwâaŋ rɯ̌ɯplào？

　　　広いです。　　　　　→　_____
　　　広くないです。　　　→　_____

13. デパートは大きいですか。　　ハーン　ヤイ　ループラオ？
　　　　　　　　　　　　　　　　　hâaŋ yài rɯ̌ɯplào？

　　　大きいです。　　　　→　_____
　　　大きくないです。　　→　_____

次のタイ語と同じ意味の日本語を線でつなぎましょう。

14. ローンレーム ・
    rooŋrɛɛm, โรงแรม
                              ・ ア．寝室

15. ハーン ・
    hâaŋ, ห้าง
                              ・ イ．部屋

16. ホン ・
    hɔ̂ŋ, ห้อง
                              ・ ウ．お手洗い

17. ホンナーム ・
    hɔ̂ŋnáam, ห้องน้ำ
                              ・ エ．ホテル

18. ホンノーン ・
    hɔ̂ŋnɔɔn, ห้องนอน
                              ・ オ．デパート

19. ケープ ・
    khɛ̂ɛp, แคบ
                              ・ ア．大きい

20. グワーン ・
    kwâaŋ, กว้าง
                              ・ イ．清潔な

21. レック ・
    lék, เล็ก
                              ・ ウ．狭い

22. ヤイ ・
    yài, ใหญ่
                              ・ エ．小さい

23. サアーッ ・
    sa-àat, สะอาด
                              ・ オ．広い

習問題はうまく解けましたか。単語を覚えていない人はもう 一度復習をしましょう。さて、今度はいくつできるかな？

CD 1 22

部屋	ホン	hôŋ, ห้อง
お手洗い	ホンナーム	hôŋnáam, ห้องน้ำ
寝室	ホンノーン	hôŋnɔɔn, ห้องนอน
レストラン	ラーン　アーハーン	ráan aahǎan, ร้าน อาหาร
ホテル	ローンレーム	rooŋrɛɛm, โรงแรม
寺	ワッ	wát, วัด
デパート	ハーン	hâaŋ, ห้าง
ベッド	ティアン	tiaŋ, เตียง
狭い	ケープ	khêɛp, แคบ
広い	グワーン	kwâaŋ, กว้าง
小さい	レック	lék, เล็ก
大きい	ヤイ	yài, ใหญ่
清潔な	サアーッ	sa-àat, สะอาด

タイ語は、相手に「〜ですか？」、「〜ますか？」とたずねるとき、「〜ループラオ？」以外に「〜マイ？（mǎi ไหม）」という疑問語を使うことがあります。2つの単語の使い方はほぼ同じですが、場面によって「〜マイ？」が使えないことがありますので、 この本では先に「〜ループラオ？」を覚えるようにしました。
「〜マイ？」の詳しい使いかたは「第 11 課　今週の土曜日は、空いていますか」に載っていますので、気になる方は参考にしてみてください。

◆　会話　◆

ナリン：　あなたはタワンホテルが好きですか。

はるき：　好きです。

ナリン：　ホテルは大きいですか。

はるき：　大きくありません。

ナリン：　部屋は広いですか。

はるき：　広いです。

ナリン：　クン　チョープ　ローンレーム　タワン　ループラオ　カ?

khun chɔ̂ɔp rooŋrɛɛm tawan rɯ̌ɯplào khá?

คุณ ชอบ โรงแรม ตะวัน หรือเปล่า คะ

はるき：　チョープ　クラップ

chɔ̂ɔp khráp

ชอบ ครับ

ナリン：　ローンレーム　ヤイ　ループラオ　カ?

rooŋrɛɛm yài rɯ̌ɯplào khá?

โรงแรม ใหญ่ หรือเปล่า คะ

はるき：　マイ　ヤイ　クラップ

mâi yài khráp

ไม่ ใหญ่ ครับ

ナリン：　ホン　グワーン　ループラオ　カ?

hɔ̂ŋ kwâaŋ rɯ̌ɯplào khá?

ห้อง กว้าง หรือเปล่า คะ

はるき：　グワーン　クラップ

kwâaŋ khráp

กว้าง ครับ

◆ 第一人称

男性の第一人称は「ポム phǒm」で、女性の第一人称は「チャン chǎn」と説明しましたが、実は女性の第一人称は相手によって、いろいろ使い分けられます。例えば、公式的な発言のときは「わたくし（ディチャン dichǎn ดิฉัน）」を使い、同じ年齢や同じ身分の相手には「チャン」を使い、若い女性や子供が目上の人に話すときは、謙遜語の「ヌー、nǔu หนู」を使います。

また自分の「ファーストネーム」や「あだ名」を、第一人称として使うこともめずらしくありません。タイでは、第一人称の代わりに「自分のファーストネーム」や「あだ名」を使っても、相手に幼稚なイメージを与えることはありません。このテキストでは、「チャン」を使って練習をします。

◆ 第二人称

タイ人は家族のような関係を好むため、血縁関係がなくても親しい相手には、家族に用いるような呼び方をします。相手が年上の場合は、お兄さん／お姉さん（ピー phîi พี่）、おじさん（ルン luŋ ลุง）、おばさん（パー pâa ป้า）などを使い、年下の場合は、〜君／〜ちゃん（ノーン nɔ́ɔŋ น้อง）を使います。名前で呼びたいときは、「○○兄さん」のように名前を先に付けます。相手が年下で親しい場合は、下の名前やあだ名で呼び捨てすることもあります。同じ年齢や同じ身分の相手には「あなた（クン）」を使ったり、あだ名で呼んだりします。また日本と同様に、上司や目上の人を「あなた」と呼びません。上司や目上の人と話すときは「あなた」ではなく「○○さん（クン○○）」と呼んだ方がよいでしょう。

本書では、「あなた（クン）」を使って練習します。

さて、ここからは本格的にタイ語の勉強に入りたいと思います。文法や練習問題も段階的にレベルアップしていきます。勉強方法としては、

| 単語を読む | → | 次のページの文法を理解する | → | 練習問題を解く |

→ | 最後に会話を読んで復習する | ことです。

　レベルは全部で4段階。「たまごレベル」は入門段階、「ひよこレベル」は初級になりたて、「にわとりレベル」は初中級段階です。「にわとりレベル」は、旅先で簡単な日常会話ができます。「にわとりレベル」をクリアした人はおいしい焼き鳥の「ガイヤーンレベル」になります。では、皆さん「ガイヤーン」を目指してがんばりましょう！
　なお、自分がどのレベルにいるか、練習問題の横にあるチェックボックス〇で確認ができます。全問正解したときにチェックボックスにチェックマーク✓をいれてください。
では、一緒にがんばりましょう。

■　会話　■

(CD 1) 24

はるき：　ぼくはタイの果物が好きです。

　　　　　あなたは果物を食べるのが好きですか。

ナリン：　好きではありません。

はるき：　好きではないのですか。（意外に思う気持ち）

ナリン：　好きではないです。

はるき：　ポム　チョープ　ポンラマーイ　タイ　クラップ

　　　　　クン　チョープ　ギン　ポンラマーイ　ループラオ

　　　　　クラップ？

phǒm chɔ̂ɔp phǒnlamáai thai khráp

khun chɔ̂ɔp kin phǒnlamáai rǔɯplào khráp？

ผม ชอบ ผลไม้ ไทย ครับ

คุณ ชอบ กิน ผลไม้ หรือเปล่า ครับ

ナリン：　マイ　チョープ　カ

mâi chɔ̂ɔp khâ

ไม่ ชอบ ค่ะ

はるき：　マイ　チョープ　ルー　クラップ？

mâi chɔ̂ɔp rǔɯ khráp？

ไม่ ชอบ หรือ ครับ

ナリン：　マイ　チョープ　カ

mâi chɔ̂ɔp khâ

ไม่ ชอบ ค่ะ

CD 1 25

父	ポー	phɔ̂ɔ, พ่อ
母	メー	mɛ̂ɛ, แม่
両親	ポーメー	phɔ̂ɔmɛ̂ɛ, พ่อแม่
海、海鮮〜	タレー	thalee, ทะเล
海鮮料理	アーハーン　タレー	aahǎan thalee, อาหาร ทะเล
行く	パイ	pai, ไป
遊びに行く	パイ　ティアオ	pai thîao, ไป เที่ยว
来る	マー	maa, มา
遊びに来る	マー　ティアオ	maa thîao, มา เที่ยว
〜なの？	ルー？	rɯ̌ɯ, หรือ

 覚えた単語を復習しましょう。線の上に単語の訳を書いてください。

1.　好き　　　　　　　　＿＿＿＿＿＿＿＿＿＿

2.　歌　　　　　　　　　＿＿＿＿＿＿＿＿＿＿

3.　＿＿＿＿＿＿＿＿＿＿　ペッ, phèt

4.　＿＿＿＿＿＿＿＿＿＿　プアン, phɯ̂an

5.　楽しい　　　　　　　＿＿＿＿＿＿＿＿＿＿

6.　＿＿＿＿＿＿＿＿＿＿　ホンナーム, hɔ̂ŋnáam

7.　清潔な　　　　　　　＿＿＿＿＿＿＿＿＿＿

45

〜が好き（チョープ） CD 1 26

◆　好き（チョープ）を復習します。「〜が好き」と言いたいときは次のように言います。

$$\boxed{主語} + \boxed{チョープ} + \boxed{目的語}$$

・　母は海が好き。

　　　メー　チョープ　タレー

　　mɛ̂ɛ chɔ̂ɔp thalee

　　แม่ ชอบ ทะเล

◆　「〜するのが好き」と言いたいときは、「チョープ」を「動詞」の前に置きます。

$$\boxed{主語} + \boxed{チョープ} + \boxed{動詞} + \boxed{目的語}$$

・　友達は海へ行くのが好き。
　　プアン　チョープ　パイ　タレー
　　phɯ̂an chɔ̂ɔp pai thalee
　　เพื่อน ชอบ ไป ทะเล

・　父は海鮮料理を食べるのが好き。
　　ポー　チョープ　ギン　アーハーン　タレー
　　phɔ̂ɔ chɔ̂ɔp kin aahǎan thalee
　　พ่อ ชอบ กิน อาหาร ทะเล

・　ぼくはタイの国へ遊びに行くのが好きです。
　　ポム　チョープ　パイ　ティアオ　ムアン　タイ
　　phǒm chɔ̂ɔp pai thîao mɯaŋ thai
　　ผม ชอบ ไป เที่ยว เมือง ไทย

日本語に訳してみましょう。

8.　メー　チョープ　ギン　マムアン
mɛ̂ɛ chɔ̂ɔp kin mámûaŋ

_____

9.　ポー　チョープ　ギン　ガーフェー
phɔ̂ɔ chɔ̂ɔp kin kaafɛɛ

_____

10.　ポム　チョープ　ファン　プレーン タイ
phǒm chɔ̂ɔp faŋ phleeŋ thai

_____

下線に単語を書いて、文章を完成させましょう。

11.　彼は海へ遊びに行くのが好きです。

カオ _____ _____ _____ タレー

khǎo _____ _____ _____ thalee

12.　ぼくは酒を飲むのが好きです。

ポム _____ _____ ラオ

phǒm _____ _____ lâo

13.　両親は日本の映画を観るのが好きです。

ポーメー _____ _____ ナン　イープン

phɔ̂ɔmɛ̂ɛ _____ _____ nǎŋ yîipùn

14.　わたしはタイ語を勉強するのが好きです。

チャン _____ _____ パーサー　タイ

chǎn _____ _____ phaasǎa thai

47

◆ 「意外なとき」、「驚いたとき」、「聞き返しのとき」や「軽い質問のとき」
の「〜なの？、〜なのですか？」は「ルー？」を使います。

問： あなたは果物を食べないの？

クン　マイ　ギン　ポンラマーイ　ルー？

khun mâi kin phǒnlamáai rɯ̌ɯ?

คุณ ไม่ กิน ผลไม้ หรือ

答： はい、食べません。　　／　　いいえ、食べます。

カ、マイ　ギン　カ　／　マイ　カ、ギン　カ

khâ, mâi kin khâ　／　mâi khâ, kin khâ

ค่ะ ไม่ กิน ค่ะ　／　ไม่ ค่ะ กิน ค่ะ

女性は「はい」、「〜です、〜ます」を使うときに「カ」を使います。
男性の場合は「カ」のかわりに「クラップ」を使います。「ルー？」と
質問された場合、「はい」または「いいえ」を省力して答えることもできます。

・ 部屋は狭いの？

ホン　ケープ　ルー？

hɔ̂ŋ khɛ̂ɛp rɯ̌ɯ?

ห้อง แคบ หรือ

・ タイ人は日本に遊びに来るのが好きなの？

コン　タイ　チョープ　マー　ティアオ　ムアン　イープン　ルー？

khon thai chɔ̂ɔp maa thîao mɯaŋ yîiipùn rɯ̌ɯ?

คน ไทย ชอบ มา เที่ยว เมือง ญี่ปุ่น หรือ

日本語に訳してみましょう。

15.　クン　^マイ　^チョープ　リアン　ˇルー？

　　khun mâi chɔ̂ɔp rian rǔɯ?

　　_____

16.　^ホンˊナーム　^マイ　サ ア アーッ　ˇルー？

　　hɔ̂ŋnáam mâi sa-àat rǔɯ?

　　_____

17.　^マイ　サˋヌック　ˇルー？

　　mâi sanùk rǔɯ?

　　_____

下線に単語を書いて、文章を完成させましょう。

18.　あなたはタイの歌が好きなの？
　　クン　^チョープ ＿＿＿＿＿＿＿ ＿＿＿＿＿＿＿ˇルー？

　　khun chɔ̂ɔp ＿＿＿＿＿＿＿ ＿＿＿＿＿＿＿ rǔɯ?

19.　あなたは辛い料理を食べるのが好きなの？
　　クン　^チョープ　ギン＿＿＿＿＿＿＿ ＿＿＿＿＿＿＿ˇルー？

　　khun chɔ̂ɔp kin ＿＿＿＿＿＿＿＿＿ ＿＿＿＿＿＿＿ rǔɯ?

20.　友達は来ないの？
　　＿＿＿＿＿＿＿＿＿^マイ　マー＿＿＿＿＿＿＿？

　　＿＿＿＿＿＿＿＿ mâi maa ＿＿＿＿＿＿＿？

21.　仕事は楽しくないの？
　　ガーン　^マイ＿＿＿＿＿＿＿ˇルー？

　　ŋaan mâi ＿＿＿＿＿＿＿ rǔɯ?

■　会話　■

CD1 28

はるき：　ぼくはタイ料理を食べたいです。

　　　　　あなたは何を食べたいですか。

ナリン：　トムヤムクンが食べたいです。

はるき：　トムヤムクンは辛くないのですか。

ナリン：　トムヤムクンは辛いけれどおいしいです。

はるき：　ポム　ヤーク　ギン　アーハーン　タイ　クラップ

　　　　　クン　ヤーク　ギン　アライ　クラップ？

　　　　　phǒm yàak kin aahǎan thai khráp

　　　　　khun yàak kin arai khráp？

　　　　　ผม อยาก กิน อาหาร ไทย ครับ　　คุณ อยาก กิน อะไร ครับ

ナリン：　ヤーク　ギン　トムヤムクン　カ

　　　　　yàak kin tômyamkûŋ khâ

　　　　　อยาก กิน ต้มยำกุ้ง ค่ะ

はるき：　トムヤムクン　マイ　ペッ　ルー　クラップ？

　　　　　tômyamkûŋ mâi phèt rǔɯ khráp？

　　　　　ต้มยำกุ้ง ไม่ เผ็ด หรือ ครับ

ナリン：　トムヤムクン　ペッ　テー　アロイ　カ

　　　　　tômyamkûŋ phèt tɛ̀ɛ arɔ̀i khâ

　　　　　ต้มยำกุ้ง เผ็ด แต่ อร่อย ค่ะ

50

CD 1 29

トムヤムクン	トムヤムクン	tômyamkûŋ, ต้มยำกุ้ง
パパイヤサラダ	ソムタム	sômtam, ส้มตำ
する、作る	タム	tham, ทำ
仕事する、働く	タム　ガーン	tham ŋaan, ทำ งาน
料理を作る	タム　アーハーン	tham aahǎan, ทำ อาหาร
お菓子を作る	タム　カノム	tham khanǒm, ทำ ขนม
話す	プーッ	phûut, พูด
早い、速い	レオ	reo, เร็ว
遅い、ゆっくり	チャー	cháa, ช้า
上手	ゲン	kèŋ, เก่ง
しかし、けれど	テー	tɛ̀ɛ, แต่
何	アライ	arai, อะไร
～したい	ヤーク	yàak, อยาก

 「動詞」と「動詞句」

　テキストには「動詞」と「動詞句」という言葉が多くでてきます。
①「動詞」とは、「動作や状態」を表す語です。例えば、「食べる　ギン」、
「観る　ドゥー」。②「動詞句」とは、「目的語を伴っている動作や状態」を
表す語です。例えば、「果物を食べる　ギン　ポンラマーイ」、「映画を観る
ドゥー　ナン」は「動詞句」になります。

　　　「プレレッスン」では、「形容詞」は「名詞」の後ろにつくと勉強
しました。この課では、「動詞／動詞句」と「形容詞」の順番に
ついて勉強をします。

少し「動詞」と「動詞句」の練習をしてみましょう。単語を思い出せなかったら、本の後ろに単語集がありますので、それを見てくださいね。

 30

動詞：　　する、作る　　→　　タム　tham　ทำ

動詞句：仕事をする　　→　　タム　ガーン　tham ŋaan ทำ งาน

　　　　料理を作る　　→　　タム　アーハーン　tham aahǎan, ทำ อาหาร

動詞：　　する、作る　　　　→　　　　タム　tham

1.　動詞句：お菓子を作る　　→　　_____

動詞：　　話す　　　　　　　→　　　　プーッ　phûut

2.　動詞句：中国語を話す　　→　　_____

動詞：　　行く　　　　　　　→　　　　パイ　pai

3.　動詞句：ホテルへ行く　　→　　_____

「動詞／動詞句」と「形容詞」の順番 31

◆　　文章内に「動詞／動詞句」と「形容詞」がある場合は、次の順番になります。

| 動詞／動詞句 | ＋ | 形容詞 |

・　勉強が楽しい。　　　　　　リアン　サヌック

　　　　　　　　　　　　　　rian sanùk

　　　　　　　　　　　　　　เรียน สนุก

・　英語の勉強が楽しい。　　リアン　パーサー　アングリッ　サヌック

　　　　　　　　　　　　　　rian phaasǎa aŋkrìt sanùk

　　　　　　　　　　　　　　เรียน ภาษา อังกฤษ สนุก

52

・　友達はタイ語を話すのが上手。　　プアン　プーッ　パーサー　タイ　ゲン

phûan phûut phaasǎa thai kèŋ

เพื่อน พูด ภาษา ไทย เก่ง

タイ語に訳してみましょう。

4.　彼は英語を話すのが上手。　　_____

5.　友達はお菓子を作るのが上手。　_____

6.　父は仕事をするのが早い。　　_____

7.　日本人は食べるのが早い。　　_____

◆　形容詞を否定する場合は、形容詞の前に「マイ」を置きます。

| 動詞／動詞句 | ＋ | マイ | ＋ | 形容詞 |

・　勉強は楽しくない。　　　　　リアン　マイ　サヌック

rian mâi sanùk

เรียน ไม่ สนุก

・　料理作りが上手くない。　　　タム　アーハーン　マイ　ゲン

tham aahǎan mâi kèŋ

ทำ อาหาร ไม่ เก่ง

タイ語に訳してみましょう。

8.　仕事をするのが楽しくない。　_____

9.　英語を話すのが上手くない。　_____

10.　お菓子を作るのが上手くない。_____

🚌 ～したい（ヤーク）(CD) 32

◆　「～したい」と言う場合は、次の順番になります。文章によって
「動詞／動詞句」だけの場合もあるし、「形容詞」だけの場合もありますが、
順番は変わりません。

$$\boxed{主語} + \boxed{ヤーク} + \boxed{動詞／動詞句} + \boxed{形容詞}$$

・　わたしはきれいになりたい。
　　チャン　ヤーク　スアイ
　　chăn yàak sŭai,　ฉัน อยาก สวย

・　わたしは面白い映画を観たい。
　　チャン　ヤーク　ドゥー　ナン　サヌック
　　chăn yàak duu năŋ sanùk,　ฉัน อยาก ดู หนัง สนุก

タイ語に訳してみましょう。

11. トイレへ行きたい。　　　　＿＿＿＿＿＿＿＿＿＿＿＿＿

12. おいしい料理を食べたい。　＿＿＿＿＿＿＿＿＿＿＿＿＿

13. ぼくは海へ遊びに行きたい。

＿＿＿＿＿＿　＿＿＿＿＿＿　パイ　ティアオ　＿＿＿＿＿＿

＿＿＿＿＿＿　＿＿＿＿＿＿　pai thîao ＿＿＿＿＿＿

◆　～したくない（マイ　ヤーク）と言いたいときは、次の順番になります。

$$\boxed{主語} + \boxed{マイ} + \boxed{ヤーク} + \boxed{動詞／動詞句} + \boxed{形容詞}$$

・　友達は働きたくないです。　　プアン　マイ　ヤーク　タム　ガーン
　　　　　　　　　　　　　　　　phûan mâi yàak tham ŋaan
　　　　　　　　　　　　　　　　เพื่อน ไม่ อยาก ทำ งาน

- わたしは辛い料理を食べたくない。

  チャン　マイ　ヤーク　ギン　アーハーン　ペッ

  chăn mâi yàak kin aahăan phèt

  ฉัน ไม่ อยาก กิน อาหาร เผ็ด

タイ語に訳してみましょう。

14.　彼は勉強をしたくない。

　　　_____

15.　わたしは料理を作りたくない。

　　　_____

◆　～したいですか（ヤーク　ループラオ？）は次の順番になります。

主語	+	ヤーク	+	動詞／動詞句	+	形容詞	+	ループラオ？

問：　あなたは辛い料理が食べたいですか。

　　　クン　ヤーク　ギン　アーハーン　ペッ　ループラオ？

　　　khun yàak kin aahăan phèt rǔɯplào？

　　　คุณ อยาก กิน อาหาร เผ็ด หรือเปล่า

答：　食べたいです。　　／　　食べたくないです。

　　　ヤーク　ギン　　　／　　マイ　ヤーク　ギン

　　　yàak kin　　　　　／　　mâi yàak kin

　　　อยาก กิน　　　　　／　　ไม่ อยาก กิน

答えるときは「食べる（ギン）」を省略して「したい（ヤーク）」
または「したくない（マイ　ヤーク）」と答えることもできます。

55

タイ語に訳してみましょう。

16.　あなたは<u>タイの国</u>へ行きたいですか。

_____

17.　あなたはコーヒーを飲みたいですか。

_____

18.　あなたは海へ遊びに行きたいですか。

_____

しかし、でも、けれど、〜だが〜（テー）🆑33

二つの相反する文章をつなげるときに「テー」を使います。

・　タイ料理は辛いけれど、おいしいです。

　　アーハーン　タイ　ペッ　テー　アロイ

　　aahǎan thai phèt tɛ̀ɛ arɔ̀i

　　อาหาร ไทย เผ็ด แต่ อร่อย

・　ぼくは食べるのは好きですが、料理を作るのは好きではありません。

　　ポム　チョープ　ギン　テー　マイ　チョープ　タム　アーハーン

　　phǒm chɔ̂ɔp kin tɛ̀ɛ mâi chɔ̂ɔp tham aahǎan

　　ผม ชอบ กิน แต่ ไม่ ชอบ ทำ อาหาร

・　母は早口ですが、父はゆっくり話します。

　　メー　プーッ　レオ　テー　ポー　プーッ　チャー

　　mɛ̂ɛ phûut reo tɛ̀ɛ phɔ̂ɔ phûut cháa

　　แม่ พูด เร็ว แต่ พ่อ พูด ช้า

タイ語に訳してみましょう。

19.　甘いけれど、おいしくありません。

_____

20. 話したいけれど、上手ではありません。

　　_____

21. <u>タイ料理</u>は辛いけれど、おいしいです。

　　_____

🚌 何?（アライ?）🎧①34

「何?」と質問したいときに「アライ」を使います。「アライ」は目的語など「知りたい語」のところに置き替えます。

肯定文：　彼はマンゴーが好きです。

　　　　　カオ　チョープ　ギン　（マムアン）

　　　　　khǎo chɔ̂ɔp kin mámûaŋ

　　　　　เขา ชอบ กิน มะม่วง

疑問文：　彼は何を食べるのが好きですか。

　　　　　カオ　チョープ　ギン　（アライ?）

　　　　　khǎo chɔ̂ɔp kin arai?

　　　　　เขา ชอบ กิน อะไร

タイ語に訳してみましょう。

22. あなたは何を勉強したいですか。

　　_____

23. あなたは何がしたいですか。

　　_____

24. あなたは<u>何料理</u>を作りたいですか。

　　_____

次の質問に答えましょう。

25. タイ語の勉強は楽しいですか。

　　リアン　パーサー　タイ　サヌック　ループラオ？

　　rian phaasǎa thai sanùk rɯ́ɯplào?　　เรียน ภาษา ไทย สนุก หรือเปล่า

　　楽しいです →　_____

　　楽しくありません →　_____

26. あなたは料理を作るのが好きですか。

　　クン　チョープ　タム　アーハーン　ループラオ？

　　khun chɔ̂ɔp tham aahǎan rɯ́ɯplào?　　คุณ ชอบ ทำ อาหาร หรือเปล่า

　　好きです →　_____

　　好きではありません →　_____

次の単語を正しく並べてみましょう。

27. 甘くないマンゴー

　　ワーン（wǎan）、マムアン（mámûaŋ）、マイ（mâi）

　　_____

28. 彼は仕事をしたい。

　　ヤーク（yàak）、カオ（khǎo）、タム ガーン（tham ŋaan）

　　_____

29. あなたは何が食べたいですか。

　　ギン（kin）、クン（khun）、アライ（arai）、ヤーク（yàak）

　　_____

30. 部屋は小さいけれど清潔です。

　　サアーッ（sa-àat）、テー（tɛ̀ɛ）、レック（lék）、ホン（hɔ̂ŋ）

　　_____

第7課　どこで勉強していますか

■　会話　■

(CD1) 35

ナリン：　こんにちは、あなたは何という名前ですか。

はるき：　ぼくの名前ははるき。苗字は木村です。

ナリン：　どこでタイ語を勉強していますか。

はるき：　大学で勉強しています。

　　　　　大学は東京にあります。

ナリン：　サワッディー　カ、クン　チュー　アライ　カ？

sawàtdii k, khun chŵɯ arai khá？

สวัสดี ค่ะ คุณ ชื่อ อะไร คะ

はるき：　ポム　チュー　ハルキ、ナームサクン　キムラ　クラップ

phǒm chŵɯ haruki, naamsakun kimura khráp

ผม ชื่อ ฮารุกิ นามสกุล คิมุระ ครับ

ナリン：　クン　リアン　パーサー　タイ　ティナイ　カ？

khun rian phaasǎa thai thînǎi khá？

คุณ เรียน ภาษา ไทย ที่ไหน คะ

はるき：　ポム　リアン　パーサー　タイ　ティー　マハーウィッタヤー
　　　　　ライ　クラップ。マハーウィッタヤーライ　ユー　ティー
　　　　　トーキアオ　クラップ

phǒm rian phaasǎa thai thîi mahǎawítthayaalai khráp

mahǎawítthayaalai yùu thîi tookiao khráp

ผม เรียน ภาษา ไทย ที่ มหาวิทยาลัย ครับ

มหาวิทยาลัย อยู่ ที่ โตเกียว ครับ

59

CD 1 36

東京	トーキアオ	tookiao, โตเกียว
家	バーン	bâan, บ้าน
会社	ボリサッ	bɔrisàt, บริษัท
学校	ローンリアン	rooŋrian, โรงเรียน
トイレ	ホンナーム	hɔ̂ŋnáam, ห้องน้ำ
大学	マハーウィッタヤーライ	
		mahǎawítthayaalai, มหาวิทยาลัย
学生、生徒	ナックリアン	nákrian, นักเรียน
大学生	ナックスックサー	náksɯ̀ksǎa, นักศึกษา
先生（教師）	クルー	khruu, ครู
先生（講師、大学教員）	アーチャーン	aacaan, อาจารย์
会社員	パナックガーン ボリサッ	
		phanákŋaan bɔrisàt, พนักงาน บริษัท
恋人	フェーン	fɛɛn, แฟน
名前、〜という名前	チュー	chɯ̂ɯ, ชื่อ
あだ名、呼び名	チューレン	chɯ̂ɯlên, ชื่อเล่น
苗字、〜という苗字	ナームサクン	naamsakun, นามสกุล
在る、居る、住む	ユー	yùu, อยู่
〜に、〜で	ティー	thîi, ที่
どこ	ティナイ	thînǎi, ที่ไหน
…は〜である	ペン	pen, เป็น
こんにちは、さようなら	サワッディー	sawàtdii, สวัสดี

A は B である（A ペン B）CD
1 37

属性「国籍、職業、関係など」または「〜である状態（病人、独身など）」
を表すときは、「A は B である（A ペン B、A pen B）」と言います。

◆　この場合、B は必ず「名詞」でなければなりません。

・　ぼくはタイ人です。

　　ポム　ペン　コン　タイ

　　phǒm pen khon thai　ผม เป็น คน ไทย

・　天ぷらは日本料理です。

　　テンプラ　ペン　アーハーン　イープン

　　thempurá pen aahǎan yîipùn　เทมปุระ เป็น อาหาร ญี่ปุ่น

タイ語に訳してみましょう。

1.　ぼくは<u>日本人</u>です。　　　_____

2.　ぼくは<u>学生</u>です。　　　_____

3.　彼女は<u>美しい人</u>です。　　_____

4.　彼は<u>ナリンの友達</u>です。　_____

◆　B が「動詞」または「形容詞」の場合は、A と B の間の「ペン」は不要
　　です。

・タイの映画は面白いです。　　　**ナン　タイ　サヌック**

　　　　　　　　　　　　　　　　năŋ thai sanùk　หนัง ไทย สนุก

タイ語に訳してみましょう。

5.　　<u>タイ料理</u>はおいしいです。　_____

6.　　彼女は美しいです。　　　　_____

◆　A の「属性」を否定するときは、「<u>マ̂イ　チ̂ャイ</u>」を使います。「マ̂イ　ペン」にならないので、注意が必要です。

$$A + \boxed{\text{マ̂イ　チ̂ャイ}} + B$$

◎　A <u>マ̂イ　チ̂ャイ</u> B　　　A mâi châi B　A ไม่ ใช่ B

✕　A マ̂イ　ペ̂ン B　　　A mâi pen B　A ไม่ เป็น B

・　友達は会社員ではありません。

プ̂アン　マ̂イ　チ̂ャイ　パナックガーン　ボリサッ

phɯ̂an mâi châi phanáknaan bɔrisàt

เพื่อน ไม่ใช่ พนักงาน บริษัท

タイ語に訳してみましょう。

7.　わたしは<u>中国人</u>ではありません。

_____

8.　トムヤムクンは<u>中華料理</u>ではありません。

_____

 ～という名前、名前（チ̂ュー）　💿38

名前を伝えるときは、次の順番になります。

$$\boxed{\text{主語}} + \boxed{\text{チ̂ュー}} + \boxed{\text{名前}}$$

・　父は太郎という名前です。　　　ポ̂ー　チ̂ュー　タロウ

phɔ̂ɔ chɯ̂ɯ taro　พ่อ ชื่อ ทาโร่

・　お母さんは何という名前ですか。　メ̂ー　チ̂ュー　アライ？

mɛ̂ɛ chɯ̂ɯ arai？　แม่ ชื่อ อะไร

タイ語に訳してみましょう。

9.　ぼくははるきという名前です。

　　_____

10.　あなたは何という名前ですか。

　　_____

「チュー」は名詞で「名前」という意味もあります。

　　例：ぼくの名前　→　チュー　ポム　chɯ̂ɯ phǒm　ชื่อ ผม

　　　　父の名前　→　チュー　ポー　chɯ̂ɯ phɔ̂ɔ　ชื่อ พ่อ

◆　「あだ名」を伝えるときは、「〜というあだ名（チューレン　チュー）」を
使います。

　　| 主語 | + | チューレン　チュー | + | あだ名 |

・　わたしのあだ名はメーオです。（わたしはメーオというあだ名です。）
　　チャン　チューレン　チュー　メーオ

　　chǎn chɯ̂ɯlên chɯ̂ɯ mɛɛo　ฉัน ชื่อเล่น ชื่อ แมว

・　あなたのあだ名は何ですか。（あなたは何というあだ名ですか。）
　　クン　チューレン　チュー　アライ？

　　khun chɯ̂ɯlên chɯ̂ɯ arai?　คุณ ชื่อเล่น ชื่อ อะไร

タイ語に訳してみましょう。

11.　ぼくのあだ名はマサです。　_____

12.　恋人のあだ名はララです。　_____

13.　あなたのあだ名は何ですか。　_____

ほとんどのタイ人は、本名のほかに「あだ名（チューレン chûɯlên）」を持っています。「チューレン」は日常生活の中で、普段使われているもので、本名 （チューチン chûɯciŋ ชื่อจริง）は、かしこまったときに使われることが多いです。「チューレン」を使うことによって、親近感が湧くため、タイ人は「チューレン」で呼び合うことを好みます。タイ人は苗字で呼び合う習慣が無いため、お互いの苗字を知らないのは珍しいことではありません。通常、「あなたは何という名前ですか」と聞かれた場合は、「下の名前」もしくは「チューレン」を伝えます。苗字を聞きたいときは、「あなたは何という苗字ですか」と聞かないといけません。

◆　「苗字」を伝えるときは、「〜という苗字（ナームサクン）」を使います。

$$\boxed{主語} + \boxed{ナームサクン} + \boxed{苗字}$$

・　彼は何という<u>苗字</u>ですか。

　　カオ　ナームサクン　アライ？
　　khǎo naamsakun arai ?
　　เขา นามสกุล อะไร

・　彼は木村という<u>苗字</u>です。

　　カオ　ナームサクン　キムラ
　　khǎo naamsakun kimura
　　เขา นามสกุล คิมุระ

タイ語に訳してみましょう。

14.　あなたは何という苗字ですか。　＿＿＿＿＿＿＿＿＿＿＿＿＿＿＿

15.　わたしは田中という苗字です。　＿＿＿＿＿＿＿＿＿＿＿＿＿＿＿

「いる、ある、住む（ユー）」と「～に、～で（ティー）」 📀 39

◆　「人が～にいる」、「人が～に住んでいる」、「物が～にある」、「建物が～にある」と伝えたいときは、次の順番になります。

$$\boxed{\text{人／物／建物}} + \boxed{\text{ユー}} + \boxed{\text{ティー}} + \boxed{\text{場所}}$$

・　田中先生は大学にいます。

　　アーチャーン　タナカ　ユー　ティー　マハーウィッタヤーライ

　　aacaan tanaka yùu thîi mahăawítthayaalai

　　อาจารย์ ทานากะ อยู่ ที่ มหาวิทยาลัย

・　家は東京にあります。

　　バーン　ユー　ティー　トーキアオ

　　bâan yùu thîi tookiao　บ้าน อยู่ ที่ โตเกียว

　　　　「ティー」は建物、地区名、会社や国名などの具体的な場所の前に置きます。近い、上、前などの前置詞の前にはつけません。

タイ語に訳してみましょう。

16. 父は会社にいます。

_____

17. タイ語学校は池袋にあります。

_____

◆　「Aは～で・・・している」は、次の順番になります。

$$\text{A} + \boxed{\text{動詞／動詞句}} + \boxed{\text{ティー}} + \boxed{\text{場所}}$$

・　父は東京で働いています。

　　ポー　タム　ガーン　ティー　トーキアオ

　　phôɔ tham ŋaan thîi tookiao　พ่อ ทำ งาน ที่ โตเกียว

タイ語に訳してみましょう。

18.　友達は大学で働いています。

_____

19.　わたしは学校でタイ語を勉強しています。

_____

◆　「もの」や「人」の所在地を聞きたいときは、「どこ（ティナイ？）」を
　　使います。

$$\boxed{主語} + \boxed{動詞／動詞句} + \boxed{ティナイ？}$$

・　あなたはどこでタイ語を勉強していますか。

　　クン　リアン　パーサー　タイ　ティナイ？

　　khun rian phaasǎa thai thînǎi ?

　　คุณ เรียน ภาษา ไทย ที่ไหน

・　あなたはどこへ遊びに行きたいですか。

　　クン　ヤーク　パイ　ティアオ　ティナイ？

　　khun yàak pai thîao thînǎi ?

　　คุณ อยาก ไป เที่ยว ที่ไหน

タイ語に訳してみましょう。

20.　あなたはどこでタイ映画を観ましたか。

_____

21.　あなたはどこへ遊びに行くのが好きですか。

_____

22.　トイレはどこにありますか。

_____

23. 次の文章を読んで訳してみましょう。

ナリン　ペン　コン　タイ。ナリン　チューレン　チュー　メーオ。
ナリン　ユー　ティー　トーキアオ。ハルキ　ペン　プアン　ナリン。
ハルキ　ペン　コン　イープン。

nalin pen khon thai, nalin chûɯlên chûɯ mɛɛo, nalin yùu thîi tookiao,
haruki pen phɯ̂an nalin, haruki pen khon yîipùn

_____

_____

_____

_____

次の絵を見て、タイ語を書いてみましょう。

24. _____　（先生）

25. _____　（学生）

26. _____　（家）

27. _____　（映画）

挨拶の言葉

　タイでは、「おはよう」、「こんにちは」、「こんばんは」、「さようなら」、「はじめまして」を「サワッディー」と言います。挨拶時に使われる「サワッディー」には、「良い事が起きますように、仕事が繁盛し、日々安全に過ごせますように」という意味があります。

　会ったときに、お互いを祝福しあい、その日がお互いにとって「良い一日でありますように」という願いをこめた言葉です。

　タイ語を習いはじめると、タイ人にいろいろ挨拶をしてみたくなります。しかし、日本語にはあるけれどタイ語にはない挨拶の言葉がたくさんあります。タイには「いつもお世話になっています」、「おかげ様で」、「お疲れ様です」という言葉がありません。職場で同僚に会ったときは「サワッディー」と声をかけ、かける言葉がないときは相手に笑顔を見せるだけでよいのです。

　食事のときも「いただきます」や「ごちそうさま」と言う習慣はありません。食事が出されたら、そのまま食べます。仕事や学校へ行くときの「いってきます」、「いってらっしゃい」や帰宅したときの「ただいま」もありません。気が付いたら、家族のみんなが出かけていて、知らないうちに父親が家に戻っていることも珍しくありません。他人の家に遊びに行ったときも「おじゃまします」、「おじゃましました」と挨拶する習慣はありません。帰り際に「サワッディー」と言うだけで十分です。誘ってくれて、ごちそうになったときは「ありがとう。料理はとてもおいしかったです。「コープクン、アーハーン　アロイ　マーク」と言うだけで、相手は十分よろこんでくれます。

■　会話　■

CD 1 40

ナリン：　あなたはきょうだいが何人いますか。

はるき：　ぼくはきょうだいが４人います。

　　　　　兄が２人、妹が１人います。

　　　　　ナリンさんはきょうだいがいますか。

ナリン：　います。わたしは姉が１人と弟が

　　　　　１人います。

ナリン：　クン　ミー　ピーノーン　ギー　コン　カ？

khun mii phîinɔ́ɔŋ kìi khon khá?

คุณ มี พี่น้อง กี่ คน คะ

はるき：　ポム　ミー　ピーノーン　スィー　コン　クラップ

　　　　　ミー　ピーチャーイ　ソーン　コン、ノーンサーオ

　　　　　ヌン　コン　クラップ。クン　ナリン　ミー　ピーノーン

　　　　　ループラオ　クラップ？

phǒm mii phîinɔ́ɔŋ sìi khon khráp

mii phîichaai sɔ̌ɔŋ khon, nɔ́ɔŋsǎao nὺŋ khon khráp

khun nalin mii phîinɔ́ɔŋ rɯ̌ɯplào khráp?

ผม มี พี่น้อง สี่ คน ครับ   มี พี่ชาย สอง คน น้องสาว หนึ่ง คน ครับ

คุณ นลิน มี พี่น้อง หรือเปล่า ครับ

ナリン：　ミー　カ、チャン　ミー　ピーサーオ　ヌン　コン、

　　　　　ノーンチャーイ　ヌン　コン　カ

mii khâ, chǎn mii phîisǎao nὺŋ khon nɔ́ɔŋchaai nὺŋ

khon khâ

มีค่ะ ฉัน มี พี่สาว หนึ่ง คน น้องชาย หนึ่ง คน ค่ะ

新単語

CD1 41

子供	ルーク	lûuk, ลูก
息子	ルークチャーイ	lûukchaai, ลูกชาย
娘	ルークサーオ	lûuksăao, ลูกสาว
きょうだい	ピーノーン	phîinóɔŋ, พี่น้อง
兄	ピーチャーイ	phîichaai, พี่ชาย
姉	ピーサーオ	phîisăao, พี่สาว
弟	ノーンチャーイ	nɔ́ɔŋchaai, น้องชาย
妹	ノーンサーオ	nɔ́ɔŋsăao, น้องสาว
年齢	アーユ	aayú, อายุ
本	ナンスー	năŋsŭɯ, หนังสือ
車	ロッ	rót, รถ
～台（車の類別詞）	～カン	khan, คัน
～冊（本の類別詞）	～レム	lêm, เล่ม
～人（人の類別詞）	～コン	khon, คน
～語（言語の類別詞）	～パーサー	phaasăa, ภาษา
～歳、～年	～ピー	pii, ปี
数を聞くときの疑問詞	ギー	kìi, กี่
持っている、ある、いる	ミー	mii, มี

 「類別詞」については、75 ページで学びます。

70

 0〜10までの数え方 ⓒ1 42

0	スーン	sǔun, ศูนย์
1	ヌン	nɯ̀ŋ, หนึ่ง
2	ソーン	sɔ̌ɔŋ, สอง
3	サーム	sǎam, สาม
4	スィー	sìi, สี่
5	ハー	hâa, ห้า
6	ホック	hòk, หก
7	チェッ	cèt, เจ็ด
8	ペーッ	pɛ̀ɛt, แปด
9	ガーオ	kâao, เก้า
10	スィップ	sìp, สิบ

タイで「9（ガーオ）」は、「発展、進展、進歩」という「ก้าว（ガーオ、kâao）」の単語と音が似ていることから、縁起の良い数字とされています。「0（スーン）」は「消える、失う」という意味の「สูญ（スーン、sǔun）」と音が似ていることから、縁起の悪い数字とされています。また「6（ホック）」は「こぼれ落ちる」という単語と綴りも音も同じなので、「6」も縁起の悪い数字とされています。

〜を持っている、〜がある、〜がいる（ミー） ⓒ1 43

「Aは〜を持っている」、「Aは〜がある」と言いたいときは、次の順番になります。

A + ミー + 目的語

・　わたしは本を持っています。　　　チャン　ミー　ナンスー

chǎn mii nǎŋsʉ̌ɯ

ฉัน มี หนังสือ

タイ語に訳してみましょう。

1.　わたしはお菓子を持っています。

_____

2.　タイ国には、おいしい果物があります。

_____

◆　「恋人がいる」、「きょうだいがいる」などを伝えたいときは、「ユー」
　　ではなく「持っているの（ミー）」を使います。なお、「ユー」は物や人
　　の所在を示すときに使います。

・　ぼくはきょうだいがいます。　　　ポム　ミー　ピーノーン

phǒm mii phîinɔ́ɔŋ

ผม มี พี่น้อง

タイ語に訳してみましょう。

3.　友達は恋人がいます。

_____

4.　ぼくは妹がいます。

_____

◆　「Aは～がない」、「Aは～を持っていない」、「Aは～がいない」と言い
　　たいときは、次の順番になります。

A ＋ 　マイ　 ＋ ミー ＋ もの／人

・　彼はタイ語の本を持っていません。

　　　　カオ　　マイ　　ミー　　ナンスー　　パーサー　　タイ

　　khǎo mâi mii nǎŋsɯ̌ɯ phaasǎa thai

　　เขา ไม่ มี หนังสือ ภาษา ไทย

タイ語に訳してみましょう。

5.　わたしはあだ名がありません。

　　_____

6.　彼は子供がいません。

　　_____

7.　ぼくはタイ人の友達がいません。

　　_____

◆　「ありますか？」、「持っていますか？」と言いたいときは、次の順番に
なります。

　　　　A ＋ ｜ミー｜ ＋ ｜目的語｜ ＋ ｜ルーブラオ？｜

問：　あなたはあだ名がありますか。

　　　クン　　ミー　　チューレン　　ルーブラオ？

　　khun mii chɯ̂ɯlên rɯ̌ɯplào ?

　　คุณ มี ชื่อเล่น หรือเปล่า

答：　あります。　　　　／　　　　ありません。

　　　ミー　　　　　　　／　　　　マイ　　ミー

　　mii　　　　　　　　／　　　　mâi mii

　　มี　　　　　　　　　／　　　　ไม่ มี

タイ語に訳してみましょう。

8.　あなたは車を持ってますか。

＿＿＿＿＿＿＿＿＿＿＿＿＿＿＿＿＿＿＿＿＿＿＿＿＿

9.　あなたはきょうだいがいますか。

＿＿＿＿＿＿＿＿＿＿＿＿＿＿＿＿＿＿＿＿＿＿＿＿＿

◆　意外に思う気持ちを表す疑問（第5課48ページ参照）の「あるの？／持っているの？」、「あるのですか？／持っているのですか？」は、次の順番になります。

A ＋ ミー ＋ 目的語 ＋ ルー？

・　彼はお酒を持っているの？（意外）
　　カオ　ミー　ラオ　ルー？

　　khǎo mii lâo rǔɯ ?　　เขา มี เหล้า หรือ

タイ語に訳してみましょう。
10.　あなたは車を持っているの？

＿＿＿＿＿＿＿＿＿＿＿＿＿＿＿＿＿＿＿＿＿＿＿＿＿

11.　あなたは子供がいるの？

＿＿＿＿＿＿＿＿＿＿＿＿＿＿＿＿＿＿＿＿＿＿＿＿＿

◆　「Aは〜ないの？、Aは〜ないのですか？（意外）」は次の順番になります。

A ＋ マイ ＋ ミー ＋ 目的語 ＋ ルー？

・　彼はきょうだいがいないのですか。
　　カオ　マイ　ミー　ピーノーン　ルー？

　　khǎo mâi mii phîinɔ́ɔŋ rǔɯ ?　　เขา ไม่ มี พี่น้อง หรือ

74

タイ語に訳してみましょう。

12.　日本国にはマンゴーがないの？

_____

13.　あなたはタイ語の本を持っていないの？

_____

 「類別詞」とは　CD① 44

　「類別詞」とは、ものを数えるときに、対象のものの種類や形状に応じて用いられる語のことです。学生○○人、猫○○匹、卵○○個のように「〜人」、「〜匹」、「〜個」が「類別詞」です。「学生１人」や「車１台」のように「類別詞」は必ず「数字」の後ろにつけましょう。

名詞／動詞　＋　数　＋　類別詞

・　息子２人。

ルークチャーイ　ソーン　コン

lûukchaai sɔ̌ɔŋ khon　ลูกชาย สอง คน

・　彼はタイ人の友達が４人います。

カオ　ミー　プアン　コン　タイ　スィー　コン

khǎo mii phûan khon thai sìi khon　เขา มี เพื่อน คน ไทย สี่ คน

・　ぼくは３年間タイ語を勉強しました。

ポム　リアン　パーサー　タイ　サーム　ピー

phǒm rian phaasǎa thai sǎam pii

ผม เรียน ภาษา ไทย สาม ปี

では練習してみましょう。線の上に正しい単語を入れてください。

14. 本1冊。 ＿＿＿＿＿＿＿ ヌ゙ン ＿＿＿＿＿＿

　　　　　　　　 ＿＿＿＿＿＿＿ nɯ̀ŋ ＿＿＿＿＿＿

15. 車3台。 ロッ゙ ＿＿＿＿＿＿ ＿＿＿＿＿＿

　　　　　　 rót ＿＿＿＿＿＿ ＿＿＿＿＿＿

16. 日本人2人。 ＿＿＿＿ イ゙ープン ＿＿＿＿ ＿＿＿＿

　　　　　　　　 ＿＿＿＿ yîipùn ＿＿＿＿ ＿＿＿＿

17. 学生8人。 ＿＿＿＿＿＿＿＿＿＿＿＿＿＿

18. 父は車2台もっています。

　　 ＿＿＿＿＿＿＿＿＿＿＿＿＿＿＿＿＿＿

 数の聞き方（ギ゙ー）

　　「ギ゙ー」は「なん〜？」という意味です。数を聞くときに使う疑問詞で、「ギ゙ー」の後ろには必ず「類別詞」を置きます。答えるときは、「ギ゙ー」のところに「数字」を置き替えます。

$$\boxed{名詞／動詞} + \boxed{ギ゙ー} + \boxed{類別詞}$$

問： あなたはきょうだいが何人いますか。

　　クン　ミー　ピ゙ーノ゙ーン　ギ゙ー　コン？

　　khun mii phîinɔ́ɔŋ kìi khon ？

　　คุณ มี พี่น้อง กี่ คน

答： わたしは2人きょうだいです。

　　チャン　ミー　ピ゙ーノ゙ーン　ゾーン　コン

　　chăn mii phîinɔ́ɔŋ sɔ̌ɔŋ khon

　　ฉัน มี พี่น้อง สอง คน

タイ語で「きょうだいは何人いますか」と聞かれたら、自分を数に含めて回答します。きょうだいがいない場合は、「一人っ子（ルーク　コン　ディアオ lûuk khon diao ลูกคนเดียว）」と答えます。

問： あなたは何カ国語を勉強していますか。

クン　リアン　ギー　パーサー？

khun rian kìi phaasǎa ?

คุณ เรียน กี่ ภาษา

答： わたしは2カ国語を勉強しています。

チャン　リアン　ソーン　パーサー

chǎn rian sɔ̌ɔŋ phaasǎa

ฉัน เรียน สอง ภาษา

「2カ国語の言語」は本来「パーサー　ソーン　パーサー」と言いますが、「名詞」と「類別詞」が同じ語の場合は、「名詞」を省略することができます。

タイ語に訳してみましょう。

19. 彼女は何人子供がいますか。　／　3人です。

_____

20. あなたは何人タイ人の友達がいますか。　／　いません。

_____

21.　次のショートストーリーを読んで日本語に訳してみましょう。

ハルキ　チョープ　ムアン　タイ。カオ　チョープ　パイ　ティアオ　ムアン　タイ。ムアン　タイ　ミー　タレー　スアイ。カオ　チョープ　ギン　アーハーン　タイ。アーハーン　タイ　ペッ　テー　アロイ。カオ　ミー　ピーノーン　スィー　コン。カオ　ミー　プアン　コン　タイ　ハー　コン。カオ　リアン　パーサー　タイ　ティー　マハーウィッタヤーライ。パーサー　タイ　サヌック。カオ　ヤーク　プーッ　パーサー　タイ　ゲン。

haruki chɔ̂ɔp mɯaŋ thai, khǎo chɔ̂ɔp pai thîao mɯaŋ thai, mɯaŋ thai mii thalee sǔai, khǎo chɔ̂ɔp kin aahǎan thai, aahǎan thai phèt tɛ̀ɛ arɔ̀i, khǎo mii phîinɔ́ɔŋ sìi khon, khǎo mii phûan khon thai hâa khon, khǎo rian phaasǎa thai thîi mahǎawítthayaalai, phaasǎa thai sanùk, khǎo yàak phûut phaasǎa thai kèŋ

_____

_____

_____

_____

_____

_____

_____

_____

22. 次のショートストーリーを読んでタイ語に訳してみましょう。

　こんにちは。わたしの名前は花子です。わたしは<u>日本人</u>です。わたしは会社員です。会社は東京にあります。わたしは<u>タイの国</u>が好きです。わたしは<u>タイ料理</u>を食べるのが好きです。わたしは<u>タイ語</u>をうまく話せるようになりたいです。わたしはタイの友達がほしいです。

　　「ほしい」は「持ちたい ＝ ヤーク　ミー」を使います。

_____

_____

_____

_____

_____

_____

_____

_____

　　　　日本では、両親の呼び方を「時と所と場合」、「話し手の年齢」によって使い分けますが、タイではそのようなことはありません。小さいときからの呼び方はそのまま一生続くのが普通です。小さいときに「パパ」、「ママ」と呼んだ人は、60歳になっても、そのまま親のことを「パパ」、「ママ」と呼びます。タイでは、両親を呼ぶときは、一般的に「父（ポー）」、「母（メー）」を使います。丁寧語にしたいときは「ポー」や「メー」に「〜さん（クン〜）」を付けて、「お父さん（クンポー）」、「お母さん（クンメー）」にします。

次の単語に合った訳を選びなさい。

1. 海
   （ア）ボリサッ、bɔrisàt
   （イ）タレー、thalee
   （ウ）ローンリアン、rooŋrian
   （エ）バーン、bâan

2. 果物
   （ア）ソムタム、sômtam
   （イ）マムアン、mámûaŋ
   （ウ）ポンラマーイ、phǒnlamáai
   （エ）アーハーン、aahǎan

3. 楽しい
   （ア）ワーン、wǎan
   （イ）ゲン、kèŋ
   （ウ）ペッ、phèt
   （エ）サヌック、sanùk

4. 恋人
   （ア）ポー、phɔ̂ɔ
   （イ）プアン、phûan
   （ウ）フェーン、fɛɛŋ
   （エ）メー、mɛ̂ɛ

5. 苗字
   （ア）チュー、chûɯ
   （イ）チューレン、chûɯlên
   （ウ）ナームサクン、naamsakun
   （エ）バーン、bâan

6. 甘い
   （ア）ワーン、wǎan
   （イ）レオ、reo
   （ウ）チャー、cháa
   （エ）ペッ、phèt

7. 本
   （ア）ロッ、rót
   （イ）ナンスー、nǎŋsɯ̌ɯ
   （ウ）レム、lêm
   （エ）カン、khan

8. 彼は海鮮料理を食べません。

（ア）　カオ　チョープ　アーハーン　タレー

khǎo chɔ̂ɔp aahǎan thalee

（イ）　カオ　ヤーク　ギン　アーハーン　タレー

khǎo yàak kin aahǎan thalee

（ウ）　カオ　マイ　ギン　アーハーン　タレー

khǎo mâi kin aahǎan thalee

（エ）　カオ　マイ　ギン　ソムタム

khǎo mâi kin sômtam

9. 日本人はタイ国へ行くのが好きですか。

（ア）　コン　イープン　チョープ　パイ　ムアン　タイ　ループラオ？

khon yîipùn chɔ̂ɔp pai mɯaŋ thai rɯ̌ɯplào？

（イ）　コン　イープン　チョープ　パイ　ムアン　タイ　ルー？

khon yîipùn chɔ̂ɔp pai mɯaŋ thai rɯ̌ɯ？

（ウ）　コン　イープン　チョープ　パイ　ムアン　アライ？

khon yîipùn chɔ̂ɔp pai mɯaŋ arai？

（エ）　コン　イープン　チョープ　パイ　ティナイ？

khon yîipùn chɔ̂ɔp pai thînǎi？

10. 彼は上手に料理を作ります。

（ア）　カオ　タム　ガーン　ゲン

khǎo tham ŋaan kèŋ

（イ）　カオ　タム　アーハーン　ゲン

khǎo tham aahǎan kèŋ

（ウ）　カオ　ヤーク　タム　アーハーン　ペッ

khǎa yàak tham aahǎan phèt

（エ）　カオ　マイ　ヤーク　タム　アーハーン

khǎo mâi yàak tham aahǎan

11. はるきは妹がいますが、弟はいません。

（ア）　ハルキ　ミー　ピ̂ーサ̌ーオ　テ̀ー　マ̂イ　ミー　ピ̂ーチャーイ

　　　　haruki mii phîisǎao tɛ̀ɛ mâi mii nɔ́ɔŋchaai

（イ）　ハルキ　ミー　ノ́ーンサ̌ーオ　テ̀ー　マ̂イ　ミー　ノ́ーンチャーイ

　　　　haruki mii nɔ́ɔŋsǎao tɛ̀ɛ mâi mii nɔ́ɔŋchaai

（ウ）　ハルキ　ミー　ル̂ークサ̌ーオ　テ̀ー　マ̂イ　ミー　ル̂ークチャーイ

　　　　haruki mii lûuksǎao tɛ̀ɛ mâi mii lûukchaai

（エ）　ハルキ　ミー　ピ̂ーチャーイ　テ̀ー　マ̂イ　ミー　ノ́ーンサ̌ーオ

　　　　haruki mii phîichaai tɛ̀ɛ mâi mii nɔ́ɔŋsǎao

12. トイレはどこにありますか。

（ア）　ホ̂ンナ́ーム　ユ̀ー　テ̂ィナ̌イ？

　　　　hôŋnáam yùu thînǎi ?

（イ）　ボ̀リサ̀ッ　ユ̀ー　テ̂ィナ̌イ？

　　　　bɔrisàt yùu thînǎi ?

（ウ）　マハ̌ーウィッタヤーライ　ユ̀ー　テ̂ィナ̌イ？

　　　　mahǎawítthayalai yùu thînǎi ?

（エ）　バ̂ーン　ユ̀ー　テ̂ィナ̌イ？

　　　　bâan yùu thînǎi ?

おめでとう！
あなたは「たまご」から
「ひよこ」へステップ
アップしました♪♪

■　会話　■

CD1 45

はるき：　ぼくはタイへ行きます。

ナリン：　わたしも同じくタイへ行きます。

　　　　　あなたはいつ行くのですか。

はるき：　来月です。

ナリン：　何日ですか。

はるき：　25日です。

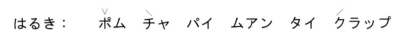

はるき：　ポム　チャ　パイ　ムアン　タイ　クラップ

phǒm cà pai mɯaŋ thai khráp

ผม จะ ไป เมืองไทย ครับ

ナリン：　チャン　ゴー　チャ　パイ　ムアンガン　カ

　　　　　クン　チャ　パイ　ムアライ　カ？

chǎn kô cà pai mǔan kan khâ. khun cà pai mûɯarai khá ?

ฉัน ก็ จะ ไป เหมือนกัน ค่ะ คุณ จะ ไป เมื่อไร คะ

はるき：　ドゥアン　ナー　クラップ

dɯan nâa khráp

เดือน หน้า ครับ

ナリン：　ワンティー　タオライ　カ？

wanthîi thâorai khá ?

วันที่ เท่าไร คะ

はるき：　ワンティー　ジー　スィップ　ハー　クラップ

wanthîi yîi sìp hâa khráp

วันที่ 25 ครับ

84

CD 1 46

バンコク	グルンテープ	kruŋthêep, กรุงเทพฯ
生まれる	グーッ	kə̀ət, เกิด
買う	スー	sɯ́ɯ, ซื้อ
暑い、熱い	ローン	rɔ́ɔn, ร้อน
寒い	ナーオ	năao, หนาว
今日	ワンニー	wanníi, วันนี้
明日	プルンニー	phrûŋníi, พรุ่งนี้
昨日	ムアワーンニー	mɯ̂awaanníi, เมื่อวานนี้
今日の夕方	イェン ニー	yen níi, เย็น นี้
週	アーティッ	aathít, อาทิตย์
月	ドゥアン	dɯan, เดือน
年	ピー	pii, ปี
来週	アーティッ ナー	aathít nâa, อาทิตย์ หน้า
来月	ドゥアン ナー	dɯan nâa, เดือน หน้า
来年	ピー ナー	pii nâa, ปี หน้า
来〜、次の〜	ナー	nâa, หน้า
未来形助動詞	チャ	cà, จะ
いつ	ムアライ	mɯ̂arai, เมื่อไร
いくつ、いくら	タオライ	thâorai, เท่าไร
何日	ワンティー タオライ	wanthîi thâorai, วันที่ เท่าไร
何日間	ギー ワン	kìi wan, กี่ วัน
・・・も同じように〜だ	ゴー〜ムアンガン	kɔ̂~mɯ̌ankan, ก็~เหมือนกัน

85

11～100万までの数え方 🎧 47

11	スィップ　エッ	sìp èt, สิบ เอ็ด
20	イー　スィップ	yîi sìp, ยี่ สิบ
21	イー　スィップ　エッ	yîi sìp èt, ยี่ สิบ เอ็ด
30	サーム　スィップ	sǎam sìp, สาม สิบ
40	スィー　スィップ	sìi sìp, สี่ สิบ
50	ハー　スィップ	hâa sìp, ห้า สิบ
60	ホック　スィップ	hòk sìp, หก สิบ
70	チェッ　スィップ	cèt sìp, เจ็ด สิบ
80	ペーッ　スィップ	pὲὲt sìp, แปด สิบ
90	ガーオ　スィップ	kâao sìp, เก้า สิบ
100	ヌン　ローイ	nùŋ rɔ́ɔi, หนึ่ง ร้อย
1,000	ヌン　パン	nùŋ phan, หนึ่ง พัน
10,000	ヌン　ムーン	nùŋ mὺɯɯn, หนึ่ง หมื่น
100,000	ヌン　セーン	nùŋ sɛ̌ɛn, หนึ่ง แสน
1,000,000	ヌン　ラーン	nùŋ láan, หนึ่ง ล้าน

2桁以上の数字の末尾の「1」は、「ヌン」ではなく「エッ」になります。
また、「20」は「ソーン　スィップ」ではなく「イー　スィップ」になり
ます。間違えやすいので注意してくださいね。

例：　4,221（四千二百二十一）
　　スィー　パン　ソーン　ローイ　イー　スィップ　エッ
　　sìi phan sɔ̌ɔŋ rɔ́ɔi yîi sìp èt　สี่ พัน สอง ร้อย ยี่ สิบ เอ็ด

百、千、万など最初に「1」がきた場合は「ヌン」を省略することができます。
先頭以外は「1」は省略できません。

例：　11,100（一万一千百）

　　（ヌン）ムーン　ヌン　パン　ヌン　ローイ

　　（省略）　　万　　一　千　　一　　百

　　(nɯ̀ŋ) mɯ̀ɯn nɯ̀ŋ phan nɯ̀ŋ rɔ́ɔi　(หนึ่ง) หมื่น หนึ่ง พัน หนึ่ง ร้อย

次の数字をタイ語で書いてみましょう。

例：　２１　　　　　　　　　　イー　スィップ　エッ　(yîi sìp èt)

1.　３５　　　　_____

2.　１６９　　　_____

3.　２,６８１　_____

未来を表す助動詞（チャ）🆑 48

◆　「～するつもりです」と言いたいときは「動詞／動詞句」の前に、
　　「チャ」をつけます。

　　　　　　　　主語　＋　チャ　＋　動詞／動詞句

・　来週、兄は海へ遊びに行きます。（行くつもりです。）
　　アーティッ　ナー、ピーチャーイ　チャ　パイ　ティアオ　タレー
　　aathítnâa phîichaai cà pai thîao thalee　อาทิตย์หน้า พี่ชาย จะ ไป เที่ยว ทะเล

◆　未来を表すときにも「チャ」を「動詞／動詞句」もしくは「形容詞」の
　　前につけます。

・　明日は寒くなります。（未来を表す）
　　プルンニー、チャ　ナーオ
　　phrûŋníi cà nǎao　พรุ่งนี้ จะ หนาว

タイ語に訳してみましょう。

4.　来月は暑くなります。

　　_____

5.　来週、わたしはバンコクへ行きます。（行くつもりです。）

_____

◆　否定の場合は、否定語の「マイ」をつけて、「チャ　マイ」にします。

| 主語 | + | チャ | + | マイ | + | 動詞／動詞句 |

・　今日の夕方、わたしは料理を作りません。

イェンニー、チャン　チャ　マイ　タム　アーハーン

yenníi, chăn cà mâi tham aahăan　เย็นนี้ ฉัน จะ ไม่ ทำ อาหาร

タイ語に訳してみましょう。

6.　ぼくは車を買いません。_____

7.　わたしは遊びに行きません。_____

8.　ぼくは酒を飲みません。_____

　～しに行くつもりだ（チャ　パイ）　CD1 49

「A は～しに行く」と言うときには、行く（パイ）の後ろに「動詞／動詞句」
をつなげます。

| 主語 | + | チャ | + | パイ | + | 動詞／動詞句 |

・　ぼくは映画を観に行く。　　　**ポム　チャ　パイ　ドゥー　ナン**

phŏm cà pai duu năŋ

ผม จะไป ดู หนัง

タイ語に訳してみましょう。

9.　友達はタイ料理を食べに行きます。

_____

10. 母は果物を買いに行きます。

_____

 時間や月日の表し方 CD1 50

「明日」や「来年」などの時を表す語は、文章の「前」もしくは「後ろ」
に置きます。文章の間に置くことはできません。

・　わたしは来年タイ国へ行きます。

◎　ピー　ナー、チャン　チャ　パイ　ムアン　タイ

　　pii nâa, chǎn cà pai mɯaŋ thai　ปี หน้า ฉัน จะ ไป เมือง ไทย

◎　チャン　チャ　パイ　ムアン　タイ　ピー　ナー

　　chǎn cà pai mɯaŋ thai pii nâa　ฉัน จะ ไป เมือง ไทย ปี หน้า

×　チャン　ピー　ナー　チャ　パイ　ムアン　タイ

　　chǎn pii nâa cà pai mɯaŋ thai　ฉัน ปี หน้า จะ ไป เมือง ไทย

タイ語に訳してみましょう。

11.　来年、ぼくは家を買います。

_____

12.　来月、わたしは友達の家に行きます。

_____

13.　明日、わたしは大学へ行きます。

_____

 日付を伝える CD1 51

◆　日付を伝えるときは、 ワンティー ＋ 数字 を使います。

・ わたしは９日に生まれました。

チャン　グーッ　ワンティー　ガーオ

chǎn kə̀ət wanthîi kâao　ฉัน เกิด วันที่ เก้า

タイ語に訳してみましょう。

14. わたしは１６日にタイ国へ行きます。（未来形）

_____

15. タイ人の友達が３日に日本に来ます。（未来形）

_____

◆　日付を聞くときは、 ワンティー ＋ タオライ を使います。

問： 明日は、何日ですか。

プルンニー、ワンティー　タオライ？

phrûŋníi, wanthîi thâorai?　พรุ่งนี้ วันที่ เท่าไร

答： ７日です。

ワンティー　チェッ

wanthîi cèt　วันที่ เจ็ด

タイ語に訳してみましょう。

16. 今日は何日ですか。

_____

17. あなたは何日生まれですか。

_____

18. あなたは何日にバンコクへ行きますか。（未来形）

_____

何日間（ギー　ワン） CD 1 52

「何日間」と聞きたい場合は、「ギー　ワン」を使います。

問：　あなたは何日間バンコクへ行きますか。

　　　クン　チャ　パイ　グルンテープ　ギー　ワン？

　　　khun cà pai kruŋthêep kìi wan　คุณ จะ ไป กรุงเทพฯ กี่ วัน

答：　7日間です。

　　　チェッ　ワン

　　　cèt wan　เจ็ด วัน

タイ語に訳してみましょう。

19.　彼は何日間タイへ行きますか。（未来形）

　　　_____

20.　タイ人の友達は何日間東京にいますか。（未来形）

　　　_____

 …も同じく〜です。（…ゴー〜ムアンガン） CD 1 53

「…も同じく〜です」と言いたいときは「…ゴー〜ムアンガン」を使います。次のような語順になります。

| 主語 | + | ゴー | + | 動詞／動詞句 | + | 形容詞 | + | ムアンガン |

・　彼は海鮮料理が好きです。わたしも同じく海鮮料理が好きです。

　　カオ　チョープ　アーハーン　タレー、

　　チャン　ゴー　チョープ　アーハーン　タレー　ムアンガン

　　khǎo chɔ̂ɔp aahǎan thalee, chǎn kɔ̂ chɔ̂ɔp aahǎan thalee mǔankan

　　เขา ชอบ อาหาร ทะเล　ฉัน ก็ ชอบ อาหาร ทะเล เหมือนกัน

タイ語に訳してみましょう。

21.　父は先生です。兄も先生です。

_____

_____

22.　わたしは 1 日に生まれました。妹も 1 日に生まれました。

_____

_____

23.　兄は辛い料理が好きではありません。姉も好きではありません。

_____

_____

◆　同じです、同感です（ムアンガン）

会話の中で、相手と同じ意見だと伝えたいときは、「同じです、同感です
（ムアンガン）」と言います。

A:　わたしはマンゴーを食べるのが好きです。

　　チャン　チョープ　ギン　マムアン

　　chǎn chɔ̂ɔp kin mámûaŋ

　　ฉัน ชอบ กิน มะม่วง

B:　同じです。

　　ムアンガン

　　mǔankan

　　เหมือนกัน

92

日本語の文章と同じになるように単語を下の枠の中から選び、カッコ内に書き入れましょう。

> アーティッ　ナー （aathít nâa）、チャ （cà）、タオライ （thâorai）、
> グーッ （kə̀ət）、ギー　ワン （kìi wan）

24. 来月、わたしはタイへ行きます。

ドゥアン　ナー、ポム （　　　　　　　） パイ　ムアン　タイ

dɯan nâa, phǒm （　　　　　） pai mɯaŋ thai

25. あなたは何日間中国へ遊びに行きますか。

クン　チャ　パイ　ティアオ　ムアン　チーン　（　　　　　　　）

khun cà pai thîao mɯaŋ ciin （　　　　　）

26. 来週、わたしは映画を観に行きます。

（　　　　　　　）、チャン　チャ　パイ　ドゥー　ナン

（　　　　　　　） , chǎn cà pai duu nǎŋ

27. 今日は、何日ですか。

ワンニー、ワンティー　（　　　　　　　）

wanníi, wanthîi （　　　　　）

28. わたしは8日に生まれました。

チャン （　　　　　　　） ワンティー　ペーッ

chǎn （　　　　　） wanthîi pɛ̀ɛt

■　会話　■

CD 1 54

はるき：　こんにちは、元気ですか。

ナリン：　元気です。

はるき：　今週の土曜日は、空いていますか。

ナリン：　空いています。

はるき：　ぼくはお土産を買いに行きます。

　　　　　一緒に行きませんか。

ナリン：　行きます。

はるき：　サワッディー　クラップ、サバーイ　ディー　マイ　クラップ？

　　　　　sawàtdii khráp, sabaai dii măi khráp ?

　　　　　สวัสดี ครับ สบายดี ไหม ครับ

ナリン：　サバーイ　ディー　カ

　　　　　sabaai dii khâ　　สบาย ดี ค่ะ

はるき：　アーティッ　ニー　ワン　サオ、ワーン　マイ　クラップ？

　　　　　aathít níi wan săo, wâaŋ măi khráp ?

　　　　　อาทิตย์ นี้ วันเสาร์ ว่าง ไหม ครับ

ナリン：　ワーン　カ

　　　　　wâaŋ khâ　　ว่าง ค่ะ

はるき：　ポム　チャ　パイ　スー　コーンファーク、

　　　　　パイ　ドゥアイ　ガン　マイ　クラップ？

　　　　　phŏm cà pai súɯ khɔ̌ɔŋfàak, pai dûai kan măi khráp ?

　　　　　ผม จะ ไป ซื้อ ของฝาก　ไป ด้วยกัน ไหม ครับ

ナリン：　パイ　カ

　　　　　pai khâ　　ไป ค่ะ

94

新単語

(CD 1) 55

お土産	コーンファーク	khɔ̌ɔŋfàak, ของฝาก
市場	タラーッ	talàat, ตลาด
水上マーケット	タラーッ　ナーム	talàat náam, ตลาด น้ำ
タイ舞踊	ラム　タイ	ram thai, รำ ไทย
ムエタイ	ムアイ　タイ	muai thai, มวย ไทย
船	ルア	rɯa, เรือ
色	スィー	sǐi, สี
乗る、座る	ナン	nâŋ, นั่ง
休む、止まる	ユッ	yùt, หยุด
日、〜曜日	ワン	wan, วัน
休日	ワン　ユッ	wan yùt, วัน หยุด
誕生日	ワン　グーッ	wan kɛ̀ɛt, วัน เกิด
何曜日	ワン　アライ	wan arai, วัน อะไร
何日間	ギー　ワン	kìi wan, กี่ วัน
空いている、暇	ワーン	wâaŋ, ว่าง
元気	サバーイ　ディー	sabaai dii, สบาย ดี
かわいい	ナーラック	nâarák, น่ารัก
この〜	ニー	níi, นี้
〜ですか、〜ますか	マイ	mǎi, ไหม
一緒に〜	ドゥアイ　ガン	dûai kan, ด้วยกัน
一緒に〜しませんか	ドゥアイ　ガン　マイ?	
		dûai kan mǎi, ด้วยกัน ไหม

95

曜日の言い方 🆑 56

日曜日	ワン　アーティッ	wan aathít, วัน อาทิตย์
月曜日	ワン　チャン	wan can, วัน จันทร์
火曜日	ワン　アンカーン	wan aŋkhaan, วัน อังคาร
水曜日	ワン　プッ	wan phút, วัน พุธ
木曜日	ワン　パルハッ	wan pharɯ́hàt, วัน พฤหัส
金曜日	ワン　スック	wan sùk, วัน ศุกร์
土曜日	ワン　サオ	wan sǎo, วัน เสาร์

◆　タイでは、曜日ごとにカラーが決まっています。ほとんどのタイ人は
自分の生まれた曜日を知っており、生まれた曜日の色はその人のラッキー
カラーとなります。

曜日　（色）	ラッキーカラー
日曜日 赤色（スィー　デーン sǐi dɛɛŋ, สี แดง）	
月曜日 黄色（スィー　ルアン sǐi lɯǎŋ, สี เหลือง）	
火曜日 ピンク色（スィー　チョムプー sǐi chomphuu, สี ชมพู）	
水曜日 緑色（スィー　キアオ sǐi khǐao, สี เขียว）	
木曜日 オレンジ色（スィー　ソム sǐi sôm, สี ส้ม）	
金曜日 水色（スィー　ファー sǐi fáa,、 สี ฟ้า）	
土曜日 紫色（スィー　ムアン sǐi mûaŋ, สี ม่วง）	

96

◆ 「何曜日」は、「ワン　アライ」と言います。

・　今日は、何曜日ですか。　　　　　　ワンニー、ワン　アライ？

wanníi, wan arai ?

วันนี้ วัน อะไร

・　今日は、月曜日です。　　　　　　　ワンニー、ワン　チャン

wanníi, wan can

วันนี้ วัน จันทร์

タイ語に訳してみましょう。

1.　あなたは何曜日に生まれましたか。

_____

2.　今日は、何曜日ですか。

_____

3.　あなたは何曜日が好きですか。

_____

4.　あなたは何曜日が好きではないですか。

_____

5.　あなたは何曜日に大学に来ますか。

_____

 〜ですか、〜ますか。（マイ？）CD1 57

　「マイ？」は第 2 課で学んだ「ループラオ？」よりも少し決まりが多い
単語です。「ループラオ？」を使って文章を作る際には制限はありませんが、
「マイ？」を使って文章を作るときにはいくつかの制限があります。

「マ˅イ？」を次の文章に使うことはできませんが、「ル˅ープラ˅オ？」
は使うことができます。否定語の「マ^イ」とカタカナが同じ表記で
すので、「声調符号」に注意してくださいね。

❶ 「マ˅イ？」は「名詞」の後ろに直接つけることはできません。

ナリンさんですか。

✕　クン　ナリン　マ˅イ？

　　khun narin mǎi？　คุณ นลิน ไหม

◎　クン　ナリン　ル˅ープラ˅オ？

　　khun narin rǔɯplào？　คุณ นลิน หรือเปล่า

❷ 「マ˅イ？」は、否定文に使えません。

好きではないですか。

✕　マ^イ　チョ^ープ　マ˅イ？

　　mâi chɔ̂ɔp mǎi？　ไม่ ชอบ ไหม

◎　マ^イ　チョ^ープ　ル˅ープラ˅オ？

　　mâi chɔ̂ɔp rǔɯplào？　ไม่ ชอบ หรือเปล่า

❸ 「マ˅イ？」は、過去形に使えません。

昨日、来ましたか。

✕　ム^アワーンニ́ー、マー　マ˅イ？

　　mûawaanníi, maa mǎi？　เมื่อวานนี้ มา ไหม

◎　ム^アワーンニ́ー、マー　ル˅ープラ˅オ？

　　mûawaanníi, maa rǔɯplào？　เมื่อวานนี้ มา หรือเปล่า

◆ 「動詞／動詞句」＋「マイ？」で質問された場合は、「動詞」で答えます。

問： 行きますか。（未来形）　／　市場へ行きますか。（未来形）

　　 チャ　パイ　マイ？　　／　　チャ　パイ　タラーッ　マイ？

　　 cà pai mǎi?　จะ ไป ไหม　／　cà pai talàat mǎi?　จะ ไป ตลาด ไหม

答： 行きます。　　　　　／　　行きません。

　　 チャ　パイ　　　　　／　　チャ　マイ　パイ

　　 cà pai　จะ ไป　　　／　　cà mâi pai　จะ ไม่ ไป

◆ 「形容詞」＋「マイ？」で質問された場合は、「形容詞」で答えます。

問： 甘いですか。

　　 ワーン　マイ？

　　 wǎan mǎi?　หวาน ไหม

答： 甘いです。　　　　　／　　甘くないです。

　　 ワーン　　　　　　　／　　マイ　ワーン

　　 wǎan　หวาน　　　　／　　mâi wǎan　ไม่ หวาน

◆ 「〜したい（ヤーク）」がある文で質問された場合は、「ヤーク」のみ、「ヤーク」＋「動詞」、もしくは「ヤーク」＋「形容詞」で答えます。

問： あなたはバンコクへ行きたいですか。

　　 クン　ヤーク　パイ　クルンテープ　マイ？

　　 khun yàak pai kruŋthêep mǎi?

　　 คุณ อยาก ไป กรุงเทพฯ ไหม

答： 行きたいです。　　　　　／　　　　　行きたくないです。

　　ヤーク（パイ）　　　／　　　　マイ　ヤーク（パイ）

　　yàak (pai)　อยาก(ไป)　　　／　　　mâi yàak (pai)　ไม่ อยาก (ไป)

「マイ？」を使って、タイ語に訳してみましょう。

6. 行きますか。　　　　／　　　行きません。

　　_____

7. かわいいですか。　　／　　　かわいいです。

　　_____

8. 食べたいですか。　　／　　　食べたくないです。

　　_____

9. あなたはタイ舞踊を観たいですか。

　　_____

10. 観たいです。

　　_____

次の質問に答えましょう。

11. あなたは海が好きですか。

　　クン　チョープ　タレー　マイ？

　　khun chɔ̂ɔp thalee mǎi ?

　　好きです。　→　_____

12. あなたは海へ行きたいですか。

　　クン　ヤーク　パイ　タレー　マイ？

　　khun yàak pai　thalee mǎi ?

　　行きたいです。　→　_____

　　行きたくないです。　→　_____

13. 今日は、寒いですか。

　　ワンニー、ナーオ　マイ？

　　wanníi, năao măi ?

　　今日は、寒くないです。　　→ ＿＿＿＿＿＿＿＿＿＿＿＿＿　

 誘う表現（ドゥアイ　ガン　マイ？）(CD 1) 58

相手を誘うときは、「一緒に〜しませんか。（ドゥアイ　ガン　マイ？）」を
使います。誘う表現は、未来形を表す「チャ」を省略することができます。
返事をするときは、「動詞」で返します。

> 動詞／動詞句 ＋ ドゥアイ　ガン ＋ マイ

・　木曜日、一緒にムエタイを観に行きませんか。

　　ワン　パルハッ、パイ　ドゥー　ムアイ　タイ　ドゥアイ　ガン　マイ？

　　wan pharɯ́hàt, pai duu muai thai dûai kan măi ?

　　วัน พฤหัส ไป ดู มวย ไทย ด้วยกัน ไหม

・　日曜日、一緒に水上マーケットに行きませんか。

　　ワン　アーティッ、パイ　タラーッ　ナーム　ドゥアイ　ガン　マイ？

　　wan aathít, pai talàat náam dûai kan măi ?

　　วัน อาทิตย์ ไป ตลาด น้ำ ด้วยกัน ไหม

問：　土曜日、一緒に船に乗りに行きませんか。

　　ワン　サオ、パイ　ナン　ルア　ドゥアイ　ガン　マイ？

　　wan săo pai nâŋ rɯa dûai kan măi ?　　วันเสาร์ ไป นั่ง เรือ ด้วยกัน ไหม

答：　行きます。　　　　　／　　　行きません。

　　パイ　　　　　　　　　／　　　マイ　パイ

　　pai　ไป　　　　　　　／　　　mâi pai　ไม่ ไป

101

タイ語に訳してみましょう。

14. 明日、一緒に海へ行きませんか。

   _____

15. 土曜日、一緒に映画を観に行きませんか。

   _____

16. 水曜日、一緒にタイ舞踊を観に行きませんか。

   _____

17. 行きたいです。

   _____

次の絵と単語をつなげましょう。

18. ・

   ・（ア）スィー　デーン
   sǐi dɛɛŋ

19. ・

   ・（イ）スィー　ファー
   sǐi fáa

20. ・

   ・（ウ）スィー　チョムプー
   sǐi chomphuu

21. ・

   ・（エ）スィー　ルアン
   sǐi lɯɯaŋ

22. ・

   ・（オ）スィー　キアオ
   sǐi khǐao

絵を見て、横の欄にタイ語を書きましょう。

	23. 暑い		24. 寒い
	25. 果物		26. お土産
	27. かわいい		28. 車
	29. きょうだい		30. お菓子
	31. 中国人		32. きれいな、美しい

ここで少し復習をしましょう。

「何日ですか」と聞きたいときは、「ワンティー　タオライ？」
「何日間ですか」は「ギー　ワン？」で、「何曜日ですか」は
「ワン　アライ？」と言います。日付や曜日を質問するときに間違えやすい
ので、注意してくださいね。

第12課　これ、いくらですか

■　会話　■

CD 1 59

はるき：　これ、いくらですか。

販売員：　800バーツです。

はるき：　高い！700バーツにしてくれませんか。

販売員：　700バーツにはできませんが、
　　　　　少し安くできます。

はるき：　750バーツはどうですか。

販売員：　いいですよ（できます）。

はるき：　ニー、タオライ　クラップ？

nîi, thâorai khráp ?

นี่ เท่าไร ครับ

販売員：　ペーッ　ローイ　バーッ　カ

pèet rɔ́ɔi bàat khâ

800 บาท ค่ะ

はるき：　ペーン、チェッ　ローイ　バーッ　ダイ　マイ　クラップ？

phɛɛŋ, cèt rɔ́ɔi bàat dâi mǎi khráp ?

แพง 700 บาท ได้ ไหม ครับ

販売員：　チェッ　ローイ　バーッ　マイ　ダイ、テー　ロッ　ダイ
　　　　　ニッノイ　カ

cèt rɔ́ɔi bàat mâi dâi, tɛ̀ɛ lót dâi nítnɔ̀i khâ

700 บาท ไม่ ได้ แต่ ลด ได้ นิดหน่อย ค่ะ

はるき：　チェッ　ローイ　ハー　スィップ　バーッ　ダイ　マイ　クラップ？

cèt rɔ́ɔi hâasìp bàat dâi mǎi khráp ?

750 บาท ได้ ไหม ครับ

販売員：　ダイ　カ

dâi khâ　ได้ ค่ะ

新単語

ブラウス、シャツ	スア	sûa, เสื้อ
ズボン	ガーンゲーン	kaaŋkeeŋ, กางเกง
スカート	グラプローン	kràprooŋ, กระโปรง
クレジットカード	バッ クレーディッ	bàt khreedìt, บัตร เครดิต
使う	チャイ	chái, ใช้
読む	アーン	àan, อ่าน
書く	キアン	khĭan, เขียน
読み書き	アーン キアン	àan khĭan, อ่าน เขียน
安くする、値引きする	ロッ	lót, ลด
（値段が）高い	ペーン	phɛɛŋ, แพง
（値段が）安い	トゥーク	thùuk, ถูก
少し〜	ニッノイ	nítnɔ̀i, นิดหน่อย
これ、こちら	ニー	nîi, นี่
それ、そちら	ナン	nân, นั่น
あれ、あちら	ノーン	nôon, โน่น
〜できる	ダイ	dâi, ได้
〜バーツ	バーッ	bàat, บาท
〜歳	ピー	pii, ปี
何歳	アーユ タオライ？	aayú thâorai, อายุ เท่าไร
ありがとう	コープクン	khɔ̀ɔpkhun, ขอบคุณ
ごめんなさい、すみません	コートーッ	khɔ̆ɔthôot, ขอโทษ

105

衣類と小物 CD1 61

	メガネ **ウェンター** wêntaa แว่นตา		イヤリング **ターンフー** tàaŋhǔu ต่างหู
	腕時計 **ナリカー　コームー** naalikaa khɔ̂ɔmɯɯ นาฬิกา ข้อมือ		ネックレス **ソイ　コー** sɔ̂i khɔɔ สร้อย คอ
	スカーフ **パー　パンコー** phâa phankhɔɔ ผ้า พันคอ		バッグ、かばん **グラパオ** kràpǎo กระเป๋า
	帽子 **ムアック** mùak หมวก		Tシャツ **スア　ユーッ** sɯ̂a yɯ̂ɯt เสื้อ ยืด
	スカート **グラプローン** kràprooŋ กระโปรง		ズボン **ガーンゲーン** kaaŋkeeŋ กางเกง
	靴下 **トゥンターオ** thǔŋtháao ถุงเท้า		靴 **ローンターオ** rɔɔŋtháao รองเท้า

これ、それ、あれ（ニー、ナン、ノーン）🄲🄳 62

「これ、こちら（ニー）」、「それ、そちら（ナン）」、「あれ、あちら（ノーン）」。
「もの」を指して特定するときに使います。

◆　ものを指したり、特定したりするときに便利な表現です。

・　これ、お土産です。
　　ニー、コーンファーク

　　nîi, khɔ̌ɔŋfàak　　นี่ ของฝาก

・　ぼくはそれを食べたいです。
　　ポム　ヤーク　ギン　ナン

　　phɔ̌m yàak kin nân　　ผม อยาก กิน นั่น

◆　人を紹介するときにも使えます。

・　こちら、ナリンさんです。
　　ニー、クン　ナリン

　　nîi, khun narin　　นี่ คุณ นลิน

タイ語に訳してみましょう。

1. これ、辛いですか。　　＿＿＿＿＿＿＿＿＿＿＿＿＿＿＿＿＿

2. それ、タイのお菓子です。　＿＿＿＿＿＿＿＿＿＿＿＿＿＿＿＿

3. ぼくはあれを買いたいです。　＿＿＿＿＿＿＿＿＿＿＿＿＿○

　　「これ（ニー）」は第11課に出てきた「この～（ニー）」と似ています
　　が、「この～（ニー）」は「このお菓子（カノム　ニー）」のように
「名詞」の後ろにつきます。

いくら、いくつ（タオライ？）🄲🄳 63

◆　「値段」や「数」を聞くときは、「タオライ」を使います。

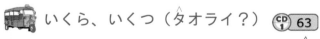

107

・　これ、いくらですか。

　　ニー、タオライ？

　　níi, thâorai?　นี่ เท่าไร

◆　「年齢」を聞くときは「年齢（アーユ）」に「タオライ」をつけて、
「アーユ　タオライ？」と言います。

問：　あなたは何歳ですか。（年齢はいくつですか。）

　　クン　アーユ　タオライ？

　　khun aayú thâorai?　คุณ อายุ เท่าไร

答：　ぼくは１５歳です。

　　ポム　アーユ　スィップ　ハー　ピー

　　phŏm aayú sìp hâa pii　ผม อายุ 15 ปี

タイ語に訳してみましょう。

4.　これ、いくらですか。　　　／　　200バーツです。

_____

5.　お父さんは何歳ですか。　　／　　50歳です。

_____

 ～できる（ダイ）　CD1 64

◆　「～できる」と伝えたいときは、「動詞／動詞句」や「形容詞」の後に
「ダイ」をつけます。

　　　　動詞／動詞句 ＋ 形容詞 ＋ ダイ

・　安くできる。

　　ロッ　ダイ

　　lót dâi　ลด ได้

- わたしはタイ舞踊ができます。

  チャン ラム タイ ダイ

  chǎn ram thai dâi　ฉัน รำ ไทย ได้

- クレジットカードが使える。

  チャイ バッ クレーディッ ダイ

  chái bàt khreedìt dâi　ใช้ บัตร เครดิต ได้

タイ語に訳してみましょう。

6. タイ語を読めます。

   _____

7. 姉はお菓子が作れます。

   _____

◆　「～できない」は、否定を表す「**マイ**」を「**ダイ**」の前につけます。

動詞／動詞句	+	形容詞	+	**マイ**	+	**ダイ**

- 車が買えません。

  スー ロッ マイ ダイ

  súɯ rót mâi dâi　ซื้อ รถ ไม่ได้

タイ語に訳してみましょう。

8. 安くできません。

   _____

9. クレジットカードは使えません。

   _____

10. わたしはタイ語が書けません。

    _____

◆　～できますか、～してもいいですか（ダイ　マイ？）

「～できますか」、「～してもいいですか」は、「できる（ダイ）」の後ろに「～ますか（マイ？）」をつけて、「ダイ　マイ？」と言います。

動詞／動詞句	＋	形容詞	＋	ダイ	＋	マイ？

・　あなたはタイ語の読み書きができますか。
　　クン　アーン　キアン　パーサー　タイ　ダイ　マイ？
　　khun àan khǐan phaasǎa thai dâi mǎi？　คุณ อ่าน เขียน ภาษา ไทย ได้ ไหม

・　トイレへ行ってもいいですか。
　　パイ　ホンナーム　ダイ　マイ？
　　pai hôŋnáam dâi mǎi？　ไป ห้องน้ำ ได้ ไหม

タイ語に訳してみましょう。

11.　あなたはお酒を飲めますか。

　　＿＿＿＿＿＿＿＿＿＿＿＿＿＿＿＿＿＿＿＿＿＿

12.　あなたはタイ語の読み書きができますか。

　　＿＿＿＿＿＿＿＿＿＿＿＿＿＿＿＿＿＿＿＿＿＿

13.　座っていいですか。

　　＿＿＿＿＿＿＿＿＿＿＿＿＿＿＿＿＿＿＿＿

　少し～（ニッノイ）　🆑 65

◆　量や感覚の「少なさ」を表したいときは、「ニッノイ」を「動詞／動詞句」や「形容詞」の「後ろ」に置きます。

主語	＋	動詞／動詞句	＋	形容詞	＋	ニッノイ

・　少し甘いです。　　　　　ワーン　ニッノイ
　　　　　　　　　　　　　wǎan　nítnɔ̀i　หวาน นิดหน่อย

タイ語に訳してみましょう。

14. （値段が）少し高いです。　＿＿＿＿＿＿＿＿＿＿＿＿＿＿＿

15. 少し辛いです。　＿＿＿＿＿＿＿＿＿＿＿＿＿＿＿＿＿＿＿＿＿

◆　少し〜できます（ダイ　ニッノイ）

「少し〜、ちょっとだけ〜、ちょっぴり〜」は「ニッノイ」と言います。
「少し〜できます」は、「ダイ　ニッノイ」と言います。

| 主語 | + | 動詞／動詞句 | + | 形容詞 | + | ダイ | + | ニッノイ |

・　ぼくは少しタイ語を書けます。

　　　ポム　キアン　パーサー　タイ　ダイ　ニッノイ

　　phǒm khǐan phasǎa thai dâi nítnɔ̀i　ผม เขียน ภาษา ไทย ได้ นิดหน่อย

タイ語に訳してみましょう。

16. 少し食べられます。　＿＿＿＿＿＿＿＿＿＿＿＿＿＿＿

17. 少し話せます。　＿＿＿＿＿＿＿＿＿＿＿＿＿＿＿

18. ぼくは少し中国語が話せます。

＿＿＿＿＿＿＿＿＿＿＿＿＿＿＿＿＿＿＿＿＿＿＿＿＿

　　　　　　　　　タイ語には、日本人に難しい発音がいくつかあります。
　　　　　　　タイ人の発音を聴いて、なかなか同じように発音ができな
　　　　　　　くても焦らなくて大丈夫です。多民族国家なので、いろんな
人がいろいろな発音で話しています。中国系の人は中国っぽい発音で
話しますし、西洋人も西洋人独特のくせがあります。タイ人は相手の
発音をあまり気にしません。文法がしっかりしていれば、なんとなく
通じるものです。やさしいタイ人が多いので、間違いをおそれず、笑顔
　でがんばってタイ語で話してみましょう。

次の単語を選択して、下のカッコ内に入れましょう。

> マ̂イ ダ̂イ (mâi dâi)、チャイ (chái)、ペ̄ーン (phεεŋ)、
> ア̄ーン キ̌アン (àan khǐan)、ロ̣ッ (lót)、アーユ́ (aayú)

19. クレジットカードは使えますか。

(   ) バ̣ッ クレーディッ ダ̂イ マ̌イ？

(   ) bàt khreedìt dâi mǎi？

20. 安くできますか。

(   ) ダ̂イ マ̌イ？

(   ) dâi mǎi？

21. 話せません。

プ̂ーッ (   )

phûut (   )

22. あなたは何歳ですか。

クン (   ) タ̂オライ？

khun (   ) thâorai？

23. このシャツ、(値段が) 高くないです。

ス̂ア ニ́ー マ̂イ (   )

sûa níi mâi (   )

24. ぼくは読み書きができません。

ポ̌ム (   ) マ̂イ ダ̂イ

phǒm (   ) mâi dâi

■　会話　■

CD2 01

店員：　いらっしゃいませ。何名様ですか。

客：　　2名です。

店員：　料理は何にしますか。

客：　　鶏ご飯を2つとトムヤムクンを1つ
　　　　ください。

店員：　飲み物は何にしますか。

客：　　ビールとオレンジジュースをください。

店員：　サワッディー　カ、ギー　ティー　カ？

　　　　sawàtdii khâ, kìi thîi khá？　สวัสดี ค่ะ　กี่ ที่ คะ

客：　　ソーン　ティー　クラップ

　　　　sɔ̌ɔŋ thîi khráp　สอง ที่ ครับ

店員：　ラップ　アーハーン　アライ　カ？

　　　　ráp aahǎan arai khá？　รับ อาหาร อะไร คะ

客：　　コー　カオマンガイ　ソーン　ティー　ガップ　トムヤムクン
　　　　ヌン　ティー　クラップ。

　　　　khɔ̌ɔ khâaomankài sɔ̌ɔŋ thîi kàp tômyamkûŋ nùŋ thîi khráp

　　　　ขอ ข้าวมันไก่ สอง ที่ กับ ต้มยำกุ้ง หนึ่ง ที่ ครับ

店員：　ラップ　クルアンドゥーム　アライ　カ？

　　　　ráp khrûɯaŋdùɯɯm arai khá？　รับ เครื่องดื่ม อะไร คะ

客：　　コー　ビア　ガップ　ナムソム　クラップ

　　　　khɔ̌ɔ bia kàp námsôm khráp　ขอ เบียร์ กับ น้ำส้ม ครับ

新単語

CD2 02

メニュー	メーヌー	meenuu, เมนู
飲み物	クルアンドゥーム	khrûaŋdùɯm, เครื่องดื่ม
水	ナーム	náam, น้ำ
氷	ナム　ケン	nám khěŋ, น้ำ แข็ง
オレンジジュース	ナム　ソム	nám sôm, น้ำ ส้ม
冷たい水	ナム　イェン	nám yen, น้ำ เย็น
アイスコーヒー	ガーフェー　イェン	kaafɛɛ yen, กาแฟ เย็น
ホットコーヒー	ガーフェー　ローン	kaafɛɛ rɔ́ɔn, กาแฟ ร้อน
ビール	ビア	bia, เบียร์
入れる	サイ	sài, ใส่
受け取る、もらう	ラップ	ráp, รับ
～をください	コー	khɔ̌ɔ, ขอ
飲む	ドゥーム	dùɯm, ดื่ม
皿、～皿	チャーン	caan, จาน
飲食店で使う類別詞	ティー	thîi, ที่
～ね、～よ	ナ	ná, นะ
～と～	ガップ	kàp, กับ

「水」という単語は、熟語になったときや使う場面によって「ナム」と短く発音することもあるが、タイ人はその区別を気にしません。
　第2課で「食べる、飲む」は「ギン」と勉強しました。「飲む」は「ギン」以外に「ドゥーム」とも言います。「ギン」より「ドゥーム」の方が少しかしこまった感じがします。

鶏ごはん
カ̂オマンガ̀イ
khâomankài
ข้าวมันไก่

パパイヤサラダ
ソ̂ムタム
sômtam
ส้มตำ

焼き鳥
ガ̀イヤ̂ーン
kàiyâaŋ
ไก่ย่าง

トムヤムクン
ト̂ムヤムク̂ン
tômyamkûŋ
ต้มยำกุ้ง

パッタイ
パ̀ッタイ
phàtthai
ผัดไทย

エビのさつま揚げ
ト̂ーッマンク̂ン
thôɔtmankûŋ
ทอดมันกุ้ง

蟹のカレー炒め
プーパ̀ッポ̌ンガ̀リー
puuphàt phǒŋkàrìi
ปูผัด ผงกะหรี่

エビ味噌炒飯
カ̂ーオクル́ッガ̀ピ
khâo khlúkkàpì
ข้าว คลุกกะปิ

スイカジュース
ナム テ́ーンモー
nám tɛɛŋmoo
น้ำ แตงโม

ライムジュース
ナム マ́ナーオ
nám mánaao
น้ำ มะนาว

〜をください（コー + 目的語） CD2 04

「〜をください」と言いたいときは、「目的語」の前に「コー」を置きます。

$$\boxed{\text{コー}} + \boxed{\text{目的語}}$$

・ オレンジジュースとアイスコーヒーをください。

　　コー　ナム　ソム　ガップ　ガーフェー　イェン

　　khɔ̌ɔ nám sôm kàp kaafɛɛ yen　ขอ น้ำ ส้ม กับ กาแฟ เย็น

・ 氷なしのオレンジジュースをください。

　　コー　ナム　ソム　マイ　サイ　ナム　ケン

　　khɔ̌ɔ nám sôm mâi sài nám khěŋ　ขอ น้ำ ส้ม ไม่ ใส่ น้ำ แข็ง

・ 辛くないパパイヤサラダをください。

　　コー　ソムタム　マイ　ペッ

　　khɔ̌ɔ sômtam mâi phèt　ขอ ส้มตำ ไม่ เผ็ด

タイ語に訳してみましょう。

1. メニューをください。　　　＿＿＿＿＿＿＿＿＿＿＿＿＿＿

2. ホットコーヒーをください。　＿＿＿＿＿＿＿＿＿＿＿＿＿＿

3. 冷たい水をください。　　　＿＿＿＿＿＿＿＿＿＿＿＿＿＿

4. ビールをください。　　　　＿＿＿＿＿＿＿＿＿＿＿＿＿

飲食店で使う類別詞（ティー） CD2 05

　いろいろなものを数えるときに使う「類別詞」は通常、「名詞」によって呼び方が変わります。例えば、

・ なん人ですか。　→　　　ギー　コン？

　　　　　　　　　　　　kìi khon？ กี่ คน

116

- パパイヤサラダ1皿　→　　　ソムタム　ヌン　チャーン

　　　　　　　　　　　　sômtam nɯ̀ŋ caan　ส้มตำ หนึ่ง จาน

 しかし例外として、レストランなどの飲食店では「料理や飲み物が
入った器類」、「〜人」や「〜席」を「ティー」に置きかえること
ができます。「ティー」は「〜人前」という意味でも使われます。

- 何名様ですか。　　　　→　　ギー　ティー？

　　　　　　　　　　　　kìi thîi?　กี่ ที่

- パパイヤサラダ1皿　→　　　ソムタム　ヌン　ティー

　　　　　　　　　　　　sômtam nɯ̀ŋ thîi　ส้มตำ หนึ่ง ที่

　ただし、同じ名詞でも、ビールのようにグラスや瓶といった種類が
あるものの場合は、「瓶」の類別詞を「〜本（クワッ、khùat ขวด）」
と言い、「グラス」の類別詞を「〜杯（ゲーオ、kɛ̂ɛo แก้ว）」と言います。
　「ティー」は「飲食店で使う類別詞」以外に「〜に、〜で」という意味も
あります。（第7課65ページ参照）

「ティー」を使って、タイ語に訳してみましょう。

5. コーヒー2つ。　　　　_____

6. 鶏ご飯1皿。　　　　　_____

7. パッタイ4皿ください。

_____

8. ライムジュースを3つください。

_____

女店員： こんにちは、何名様ですか。

サワッディー カ、ギー ティー カ？

sawàtdii khá, kìi thîi khá? สวัสดีค่ะ กี่ ที่ คะ

客： 2名です。

ソーン ティー クラップ

sɔ̌ɔŋ thîi khráp สอง ที่ ครับ

女店員： 料理は何にしますか。（直訳：何の料理を受け取りますか。）

ラップ アーハーン アライ カ？

ráp aahǎan arai khá? รับ อาหาร อะไร คะ

客： パパイヤサラダを2つとビールを2本ください。

コー ソムタム ソーン ティー ガップ ビア ソーン
クワッ クラップ

khɔ̌ɔ sômtam sɔ̌ɔŋ thîi kàp bia sɔ̌ɔŋ khùat khráp

ขอ ส้มตำ สอง ที่ กับ เบียร์ สอง ขวด ครับ

■　会話　■

CD2 07

客：　お勘定お願いします。全部でいくらですか。

店員：　少々お待ちください。

　　　全部で 1,200 バーツです。

客：　料理、とてもおいしかったです。

店員：　ありがとうございます。

　　　また、いらしてくださいね。

客：　キッ　グン　ドゥアイ　カ。タンモッ　タオライ　カ？

　　　khít ŋǝn dûai khâ, tháŋmòt thâorai khá ？

　　　คิด เงิน ด้วย ค่ะ　ทั้งหมด เท่าไร คะ

店員：　サックルー　ナ　クラップ

　　　タンモッ　パン　ソーン　ローイ　バーッ　クラップ

　　　sàk khrûu ná khráp, tháŋmòt phan sɔ̌ɔŋ rɔ́ɔi bàat khráp

　　　สักครู่ นะ ครับ　ทั้งหมด พัน สอง ร้อย บาท ครับ

客：　アーハーン　アロイ　マーク　カ

　　　aahǎan arɔ̀i mâak khâ

　　　อาหาร อร่อย มาก ค่ะ

店員：　コープクン　クラップ、マー　マイ　ナ　クラップ

　　　khɔ̀ɔpkhun khráp, maa mài ná khráp

　　　ขอบคุณ ครับ　มา ใหม่ นะ ครับ

新単語

CD2 08

領収書	バイセッ	baisèt, ใบเสร็จ
デザート	コーンワーン	khɔ̌ɔŋwǎan, ของหวาน
ここ	ティニー	thîinîi, ที่นี่
帰る	グラップ	klàp, กลับ
家に帰る	グラップ　バーン	klàp bâan, กลับ บ้าน
お腹がいっぱい	イム	ìm, อิ่ม
お腹が空いた	ヒウ	hǐw, หิว
とても、たくさん	マーク	mâak, มาก
短い間	サックルー	sákkhrûu, สักครู่
全部	タンモッ	tháŋmòt, ทั้งหมด
お勘定をお願いします	キッ　グン　ドゥアイ	khít ŋən dûai, คิด เงิน ด้วย
またいらしてくださいね	マー　マイ　ナ	maa mài ná, มา ใหม่ นะ
もう〜、すでに〜	レーオ	lɛ́ɛo, แล้ว

🚌 とても〜、たくさん〜（⌃マーク） 🎵 09

「量の多さ」を表したいときは、「⌃マーク」を「動詞／動詞句」や「形容詞」の「後ろ」に置きます。次のような語順になります。

主語 ＋ 動詞／動詞句 ＋ 形容詞 ＋ ⌃マーク

・ ぼくはとてもお腹が空いた。
　ポム　ヒウ　マーク
　phǒm hǐw mâak　ผม หิว มาก

・ タイのお菓子はとても甘いです。
　カノム　タイ　ワーン　マーク
　khanǒm thai wǎan mâak　ขนม ไทย หวาน มาก

・ 彼はとても上手にタイ語を話します。
　カオ　プーッ　パーサー　タイ　ゲン　マーク
　khǎo phûut phaasǎa thai kèŋ mâak
　เขา พูด ภาษา ไทย เก่ง มาก

タイ語に訳してみましょう。

1. これ、とてもおいしいです。

　_____

2. タイ料理はとても辛いです。

　_____

3. ぼくはコーヒーがとても好きです。

　_____

4. わたしはタイのお菓子がとても好きです。

　_____

121

もう〜、すでに〜（レーオ） CD 2 10

「強調」または「完了」を表すときは、「動詞／動詞句」や「形容詞」の「後ろ」に「レーオ」を置きます。

$$\boxed{主語} + \boxed{動詞／動詞句} + \boxed{形容詞} + \boxed{レーオ}$$

- もうお腹が空いた。
  ヒウ　レーオ
  hǐw lέεo　หิว แล้ว

- 彼はもう家に帰りました。
  カオ　グラップ　バーン　レーオ
  khǎo klàp bâan lέεo　เขา กลับ บ้าน แล้ว

タイ語に訳してみましょう。

5. わたしはもうデザートを食べました。

　　_____

6. ぼくはもうお土産を買いました。

　　_____

7. わたしはもうお腹がいっぱいです。

　　_____

次の単語を選択して、下のカッコ内に入れましょう。

> **ナム ケン**(nám khěŋ)、**ソムタム**(sômtam)、**ナム ソム**(nám sôm)

8. オレンジジュースをください。
   コー (_____)、khǒo (_____)

9. パパイヤサラダをください。

コー （＿＿＿＿＿＿＿＿＿＿）、khɔ̌ɔ （＿＿＿＿＿＿＿＿＿＿）

10. 氷を入れないでね。

マイ　サイ （＿＿＿＿＿＿＿＿＿＿） ナ、mâi sài （＿＿＿＿＿＿＿＿＿＿） ná

レストランでよく使われる表現。

CD 2 11

■ デザートは何がありますか。

ミー　コーンワーン　アライ？

mii khɔ̌ɔŋwǎan arai ?　　มี ของหวาน อะไร

■ 辛くない料理はありますか。

ミー　アーハーン　マイ　ペッ　ループラオ？

mii aahǎan mâi phèt rɯ̌ɯuplào ?　　มี อาหาร ไม่ เผ็ด หรือเปล่า

■ ここで食べます。

ギン　ティニー

kin thînîi　　กิน ที่นี่

■ 家に持ち帰ります。

スー　グラップ　バーン

sɯ́ɯ klàp bâan　　ซื้อ กลับบ้าน

■ 領収書をください。

コー　バイセッ

khɔ̌ɔ baisèt　　ขอ ใบเสร็จ

■ トイレはどこですか。

ホンナーム　ユー　ティナイ？

hɔ̂ŋnáam yùu thînǎi ?　　ห้องน้ำ อยู่ ที่ไหน

■　会話　■

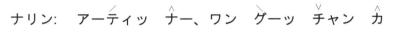

CD2 12

ナリン：　来週はわたしの誕生日です。

はるき：　何日ですか。

ナリン：　8月21日です。あなたは？

はるき：　ぼくは4月13日生まれです。

ナリン：　本当ですか？

　　　　　あなたはソンクラーンの日に生まれました。

ナリン：　アーティッ　ナー、ワン　グーッ　チャン　カ

　　　　　aathít nâa, wan kə̀ət chǎn khâ

　　　　　อาทิตย์ หน้า วันเกิด ฉัน ค่ะ

はるき：　ワンティー　タオライ　クラップ？

　　　　　wanthîi thâorai khráp ?

　　　　　วันที่ เท่าไร ครับ

ナリン：　ワンティー　イー　スィップ　エッ　シンハーコム　カ、

　　　　　クン　ラ　カ？

　　　　　wanthîi yîi sìp èt sǐŋhǎakhom khâ, khun lâ khá ?

　　　　　วันที่ 21 ค่ะ คุณ ล่ะ คะ

はるき：　ポム　グーッ　ワンティー　スィップ　サーム　メーサーヨン

　　　　　クラップ

　　　　　phǒm kə̀ət wanthîi sìp sǎam meesǎayon khráp

　　　　　ผม เกิด วันที่ สิบ สาม เมษายน ครับ

ナリン：　チン　ルー　カ？　クン　グーッ　ワン　ソンクラーン

　　　　　ciŋ rǔɯ khá ? khun kə̀ət wan sǒŋkraan

　　　　　จริง หรือ คะ   คุณ เกิด วัน สงกรานต์

CD 2 13

雨	フォン	fǒn, ฝน
季節	ルドゥー	rúduu, ฤดู
仏暦	ポーソー	phɔɔ sɔ̌ɔ, พ.ศ.
西暦	コーソー	khɔɔ sɔ̌ɔ, ค.ศ.
今週	アーティッ　ニー	aathít níi, อาทิตย์ นี้
今月	ドゥアン　ニー	dwan níi, เดือน นี้
今年	ピー　ニー	pii níi, ปี นี้
先週	アーティッ　ティレーオ	aathít thîlɛ́ɛo, อาทิตย์ ที่แล้ว
先月	ドゥアン　ティレーオ	dwan thîlɛ́ɛo, เดือน ที่แล้ว
去年	ピー　ティレーオ	pii thîlɛ́ɛo, ปี ที่แล้ว
2、3年前	ソーン　サーム　ピー　ティレーオ	

sɔ̌ɔŋ sǎam pii thîlɛ́ɛo, สอง สาม ปี ที่แล้ว

タイ旧正月（ソンクラーン）ワン　ソンクラーン

wan sǒŋkraan, วัน สงกรานต์

本当	チン	ciŋ, จริง
〜は？	ラ？	lâ, ล่ะ
今〜	ニー	níi, นี้
先〜、〜前	ティレーオ	thîlɛ́ɛo, ที่แล้ว

冬
ルドゥー　ナーオ

rɯ̌duu nǎao

ฤดู หนาว

春
ルドゥー　バイマイプリ

rɯ̌duu baimáiphlì

ฤดู ใบไม้ผลิ

雨季
ルドゥー　フォン

rɯ̌duu fǒn

ฤดู ฝน

秋
ルドゥー　バイマイルˆアン

rɯ̌duu baimáirûaŋ

ฤดู ใบไม้ร่วง

夏
ルドゥー　ローン

rɯ̌duu rɔ́ɔn

ฤดู ร้อน

タイには季節が3つあります。2月中旬～5月中旬は夏、1年で最も暑い時期です。5月中旬～10月中旬は雨季。ほぼ毎日雨が降り、洪水になることもあります。10月中旬～2月中旬は冬です。北部など場所によっては朝晩冷え込むこともありますが、多くの地域では冬といっても日本のような寒さはなく、過ごしやすい涼しい日が続く程度です。夏のことを「ナー　ローン、nâa rɔ́ɔn หน้าร้อน」、雨季のことを「ナー　フォン nâa fŏn หน้าฝน」、冬のことを「ナー　ナーオ nâa năao หน้าหนาว」とも言います。

「月」の言い方 CD2 15

「月」は「ドゥアン」と言います。月を表す単語を見ると「コム」、「ヨン」と「パン」で終わるものがあります。「コム」で終わる月はいわゆる「大の月」で1ヵ月が31日あり、「ヨン」で終わる月は「小の月」で30日です。2月のみ「パン」が用いられます。これら「コム」、「ヨン」、「パン」は月を表すときに省略することができます。

1月	マカラーコム	mákaraakhom, มกราคม
2月	グムパーパン	kumphaaphan, กุมภาพันธ์
3月	ミーナーコム	miinaakhom, มีนาคม
4月	メーサーヨン	meesăayon, เมษายน
5月	プルッサパーコム	phrɯ́tsaphaakhom, พฤษภาคม
6月	ミトゥナーヨン	míthùnaayon, มิถุนายน
7月	カラッカダーコム	karákadaakhom, กรกฎาคม
8月	シンハーコム	sĭŋhăakhom, สิงหาคม
9月	カンヤーヨン	kanyaayon, กันยายน
10月	トゥラーコム	tùlaakhom, ตุลาคม
11月	プルッサチカーヨン	phrɯ́tsacìkaayon, พฤศจิกายน
12月	タンワーコム	thanwaakhom, ธันวาคม

※　1月は「マカラーコム」、「モッカラーコム」と2通りの読み方があります。

127

 ～は？（ラ̂？） CD 2 16

話していることと同じ、あるいは関連する内容の質問をしたいときは
「ラ̂？」を使います。

問: わたしは緑色が好きです。あなたは？

チャン　チョープ　スィー　キアオ、クン　ラ̂？

chǎn chɔ̂ɔp sǐi khǐao, khun lâ?　ฉัน ชอบ สี เขียว คุณ ล่ะ

答: わたしはピンクが好きです。

チャン　チョープ　スィー　チョムプー

chǎn chɔ̂ɔp sǐi chomphuu　ฉัน ชอบ สี ชมพู

タイ語に訳してみましょう。

1.　ぼくはもうお腹が空きました。あなたは？

　　_____

2.　東京は、8月は暑いです。バンコクは？

　　_____

3.　わたしはコーヒーが飲みたいです。あなたは？

　　_____

 「仏暦（ポーソー）」と「西暦（コーソー）」 CD 2 17

仏暦（ポーソー）は（プッタサッカラーッ、phútthasàkkaràat พุทธศักราช）、
西暦（コーソー）は（クリッタサッカラーッ、khrítasàkkaràat คริสตศักราช）
の略語です。長いので会話では、略語を使います。タイでは一般的に、
西暦ではなく仏暦を使います。釈迦が入滅した（亡くなった）その翌年を
元年としています。西暦に「543」を足した数字が仏暦です。「543」を
「暦（コヨミ）」と考えると覚えやすいです。

問：　あなたは仏暦何年生まれですか。

　　　クン　グーッ　ポーソー　アライ？

　　　khun kə̀ət phɔɔ sɔ̌ɔ arai?　คุณ เกิด พ.ศ. อะไร

答：　わたしは仏暦2525年生まれです。

　　　チャン　グーッ　ポーソー　ソーン　パン　ハー　ローイ　イー
　　　スィップ　ハー

　　　chǎn kə̀ət phɔɔ sɔ̌ɔ sɔ̌ɔŋ phan hâa rɔ́ɔi yîi sìp hâa

　　　ฉัน เกิด พ.ศ. สอง พัน ห้า ร้อย ยี่ สิบ ห้า

問：　今年は西暦何年ですか。

　　　ピー　ニー　コーソー　アライ？

　　　pii níi, khɔɔ sɔ̌ɔ arai?　ปี นี้ ค.ศ. อะไร

答：　西暦2023年です。

　　　コーソー　ソーン　パン　イー　スィップ　サーム

　　　khɔɔ sɔ̌ɔ sɔ̌ɔŋ phan yîi sìp sǎam　ค.ศ. สอง พัน ยี่ สิบ สาม

タイ語に訳してみましょう。

4.　彼は西暦２０１０年に日本に来ました。

_____

5.　父は仏暦２５５６年にタイへ働きに行きました。

_____

 日付の並べ方　CD2 18

タイで日付を並べるときは「曜日、日、月、年」の順番です。日本の並び
順とは逆ですね。

問：　仏暦何年、何月、何日、何曜日ですか。

ワン　アライ、ワンティー　タオライ、ドゥアン　アライ、ポーソー　アライ？

wan arai, wanthîi thâorai, dɯan arai, phɔɔ. sɔ̌ɔ. arai？

วัน อะไร วันที่ เท่าไร เดือน อะไร พ.ศ. อะไร

答：　仏暦２５５９年１０月１０日月曜日

ワン　チャン　ティー　スィップ、ドゥアン　トゥラーコム、ポーソー　ソーン　パン　ハー　ローイ　ハー　スィップ　ガーオ

wan can thîi sìp, dɯan tùlaakhom, phɔɔ. sɔ̌ɔ. sɔ̌ɔŋ phan hâa rɔ́ɔi hâa sìp kâao　วัน จันทร์ ที่ สิบ เดือน ตุลาคม พ.ศ. สอง พัน ห้า ร้อย ห้า สิบ เก้า

タイ語に訳してみましょう。

6.　今日は、何月何日ですか。

_____

7.　仏暦２５６１年２月１７日です。

_____

 仏教の日

　　タイのカレンダーには1カ月に約４日間、仏像の絵がついた日があります。この日は「仏教の日（ワンプラ、wan phrá วันพระ」とされ、仏教徒は仏教の戒律を守り、お寺へお参りに行ったりします。

 在家の仏教徒は小さいときから5つの戒律を守るように教えられています。それは、生き物を殺さない、人の物を盗まない、浮気や不倫などの淫らな行為をしない、嘘をつかない、お酒を飲まないです。中には厳格な仏教徒もいます。その人たちは五戒に加えて、化粧をしたり歌や踊りなど娯楽を見聞きしたりしない、快適な寝具を使わない、深夜以降、明朝まで食事をしないという戒律を守っています。

カレンダーを見ながら、質問に答えましょう。

ธันวาคม (December) 2558

อาทิตย์ Sun	จันทร์ Mon	อังคาร Tue	พุธ Wed	พฤหัส Thu	ศุกร์ Fri	เสาร์ Sat
		1	2	3	4	5 วันพ่อ
6	7 วันหยุดชด เชยวันพ่อ	8	9	10 วันรัฐธรรมนูญ	11	12
13	14 วันแก๊ด	15	16 วันหยุด	17	18	19
20	21	22	23	24	25 วันคริสต์มาส	26
27	28	29	30	31 วันสิ้นปี	1 วันขึ้นปีใหม่	2

8. 今月は、何月ですか。

   ドゥアン　ニー、ドゥアン　アライ？

   dwan níi, dwan arai ?

   12月　→ _____

9. クリスマスは、何曜日ですか。

   ワン　クリッサマーッ、ワン　アライ？

   wan khrísmaas, wan arai ?

   金曜日　→ _____

10. 9日は何曜日ですか。

    ワンティー　ガーオ、ワン　アライ？

    wanthîi kâao, wan arai ?

    水曜日　→ _____

131

下線に単語を書いて、文章を完成させましょう。

11. 12月14日はわたしの誕生日です。

　　　ワンティー　スィップ　スィー　ドゥアン＿＿＿＿＿＿＿＿＿＿　ペン
　　　ワン　グーッ　チャン

　　wanthîi 14 dɯan ＿＿＿＿＿＿＿＿ pen wankə̀ət chǎn

12. 日本では、8月は暑いです。

　　　ティー　ムアン　イープン、ドゥアン＿＿＿＿＿＿＿＿＿＿　ローン

　　thîi mɯaŋ yîipùn, dɯan＿＿＿＿＿＿＿ rɔ́ɔn

13. わたしは春が好きです。

　　　チャン　チョープ　ルドゥー　＿＿＿＿＿＿＿＿＿＿＿＿

　　chǎn chɔ̂ɔp rɯ́duu ＿＿＿＿＿＿＿＿＿

14. 彼は3月に日本に来ました。

　　　カォ　マー　ムアン　イープン　ドゥアン＿＿＿＿＿＿＿＿＿＿

　　khǎo maa mɯaŋ yîipùn dɯan ＿＿＿＿＿＿＿＿

先週、今週、来週の言い方　CD2 19

◆　「ティレーオ」は「直前の〜」という意味があり、先週、先月や昨年
などと言いたいときに、時を表す単語の後ろにつけます。

先週	アーティッ　ティレーオ	aathít thîlέεo, อาทิตย์ ที่แล้ว
先月	ドゥアン　ティレーオ	dɯan thîlέεo, เดือน ที่แล้ว
去年	ピー　ティレーオ	pii thîlέεo, ปี ที่แล้ว

ちなみに「曜日」の後ろに直接「ティレーオ」をつけると「先週
の〇〇曜日」になります。

めこん　〒113-0033 東京都文京区本郷3-7-1
電話 03-3815-1688　FAX 03-3815-1810

アジアの基礎知識

▶アジア各国の基礎的な概説書の決定版として好評を博してい
ます。▶全体のバランスと流れに留意し、写真・図表・地図を多用
しました➡すらすら読めて、必要最低限の知識が身に着きます。

装丁：菊地信義

1 タイの基礎知識

著者：**柿崎一郎**（横浜市立大学教授。『物語タイの歴史』（中公新書）など、タイ
関係の著書多数）

定価 2000 円＋税／A5判上製・256ページ／ISBN978-4-8396-0293-2　C0330

内容▶1・タイはどんな国か？／2・自然と地理／3・タイの歴史／4・タイに住む人々
／5・政治と行政／6・経済と産業／7・国際関係／8・日タイ関係の変遷／9・タイの
社会／10・対立の構図／［コラム］タイの13人／口絵カラー8ページ／索引・参考文献・
各種地図・図表など多数。

2 シンガポールの基礎知識

著者：**田村慶子**（北九州市立大学大学院教授。『シンガポールを知るための65章』（編
著・明石書店）などシンガポール関係の著書多数）

定価 2000 円＋税／A5判上製・224ページ／ISBN978-4-8396-0294-9　C0330

3 インドネシアの基礎知識

著者：**加納啓良**（東京大学名誉教授。『インドネシア農村経済論』（勁草書房）、『現代インドネシア経済史論』（東京大学出版会）などインドネシア関係の著書多数）

定価 2000 円＋税／A5 判上製・224 ページ／ISBN978-4-8396-0301-4 C0330

4 ベトナムの基礎知識

著者：**古田元夫**（日越大学学長。東京大学名誉教授。『ベトナムの世界史——中華世界から東南アジア世界へ』（東京大学出版会）などベトナム関係の著書多数）

定価 2500 円＋税／A5 判上製・316 ページ／ISBN978-4-8396-0307-6 C0330

5 ラオスの基礎知識

著者：**山田紀彦**（ラオス研究の第一人者。日本貿易振興機構アジア経済研究所研究員。『ラオス——一党支配体制下の市場経済化』（共編著、アジア経済研究所、2005年）等、ラオス関係の専門書多数。）

定価 2500 円＋税／A5 判上製・324 ページ／ISBN978-4-8396-0313-7 C0330

【内容】1・ラオスはどんな国か／2・三つの地域と主要な都市／3・歴史／4・民族／5・宗教と文化／6・政治／7・経済／8・外国との関係／9・社会／［コラム］ラオスの10人／口絵カラー 8 ページ／索引・参考文献・各種地図・図表など多数。

以下続刊

- 先週の月曜日

   ワン　チャン　ティレーオ

   wan can thîléεo　วัน จันทร์ ที่แล้ว

- 先週の金曜日

   ワン　スック　ティレーオ

   wan sùk thîléεo　วัน ศุกร์ ที่แล้ว

◆　「ニー」は「この〜」という意味があり「今週」、「今月」や「今年」などと言いたいときに、時を表す単語の後ろにつけます。

今週	アーティッ　ニー	aathít níi, อาทิตย์ นี้
今月	ドゥアン　ニー	dɯan níi, เดือน นี้
今年	ピー　ニー	pii níi, ปี นี้

◆　「ナー」は「直後の〜、次の〜」という意味があり「来週」、「来月」や「来年」などと言いたいときに、時を表す単語の後ろにつけます。

来週	アーティッ　ナー	aathít nâa, อาทิตย์ หน้า
来月	ドゥアン　ナー	dɯan nâa, เดือน หน้า
来年	ピー　ナー	pii nâa, ปี หน้า
来週の月曜日	ワン　チャン　ナー	wan can nâa, วัน จันทร์ หน้า

15.　今月、10日間休み（休日）があります。

   ＿＿＿＿＿＿ ＿＿＿＿＿＿ チャン　ミー　ワン　ユッ　スィップ　ワン

   ＿＿＿＿＿＿ ＿＿＿＿＿＿ chăn mii wan yùt sìp wan

16.　今年の冬はとても寒いです。

   ルドゥー　ナーオ　＿＿＿＿＿＿　＿＿＿＿＿＿　ナーオ　マーク

   rɯ́duu năao ＿＿＿＿＿＿　＿＿＿＿＿＿ năao mâak

133

最も正しいタイ語訳を選びましょう。

1．お勘定お願いします。

（ア）マー　マイ　ナ　　　　　　　maa mài ná

（イ）キッ　グン　ドゥアイ　　　　khít ŋən dûai

（ウ）コープクン　　　　　　　　　khɔ̀ɔpkhun

（エ）アロイ　マイ　　　　　　　　arɔ̀i mǎi

2．もうお腹が空いた。

（ア）ドゥーム　ダイ　マイ　　　　dùɯm dâi mǎi

（イ）イム　レーオ　　　　　　　　ìm lɛ́ɛo

（ウ）ヒウ　レーオ　　　　　　　　hǐw lɛ́ɛo

（エ）アロイ　マーク　　　　　　　arɔ̀i mâak

3．11月

（ア）ドゥアン　プルッサチカーヨン　dɯan phrɯ́tsacikaa yon

（イ）ドゥアン　プルッサパーコム　　dɯan phrɯ́tsaphaa khom

（ウ）ドゥアン　カラッカダーコム　　dɯan karákadaa khom

（エ）ドゥアン　グムパーパン　　　　dɯan kumphaa phan

4．来週

（ア）アーティッ　ティレーオ　　　aathít thîlɛ́ɛo

（イ）アーティッ　ナー　　　　　　aathít nâa

（ウ）アーティッ　ニー　　　　　　aathít níi

（エ）ワン　アーティッ　　　　　　wan aathít

5．秋

(ア) ルドゥー　フォン　　　　　　rɯ́ɯduu fɔ̌n

(イ) ルドゥー　バイマイプリ　　　rɯ́ɯduu baimáiphlì

(ウ) ルドゥー　ローン　　　　　　rɯ́ɯduu rɔ́ɔn

(エ) ルドゥー　バイマイルアン　　rɯ́ɯduu baimáirûaŋ

6．氷

(ア) ナーム、náam

(イ) ナム　ソム、nám sôm

(ウ) ナム　ケン、nám khěŋ

(エ) ナム　イェン、nám yen

7．お土産

(ア) スア、sɯ̂a

(イ) グラプローン、kràprooŋ

(ウ) ガーンゲーン、kaaŋkeeŋ

(エ) コーンファーク、khɔ̌ɔŋfàak

8．領収書をください。

(ア) コー　コーンワーン　　　　　khɔ̌ɔ khɔ̌ɔŋwǎan

(イ) コー　クルアンドゥーム　　　khɔ̌ɔ khrûaŋdɯ̀ɯm

(ウ) コー　メーヌー　　　　　　　khɔ̌ɔ meenuu

(エ) コー　バイセッ　　　　　　　khɔ̌ɔ　baisèt

9．クレジットカードは使えますか。

(ア) チャイ　バッ　クレーディッ　マイ　ダイ

chái bàt khreedìt mâi dâi

(イ) チャイ　バッ　クレーディッ　ダイ　マイ

chái bàt creedìt dâi mǎi

(ウ) マイ　チャイ　バッ　クレーディッ

mâi chái bàt khreedìt

(エ) ミー　バッ　クレーディッ　マイ

mii bàt khreedìt mǎi

10. 一緒にタイ舞踊を観に行きませんか。

（ア）パイ　ギン　アーハーン　ドゥアイ　ガン　マイ？

　　　pai kin aahǎan dûai kan mǎi ?

（イ）パイ　タラーッ　ナーム　ドゥアイ　ガン　マイ？

　　　pai talàat náam dûai kan mǎi ?

（ウ）パイ　ドゥー　ラムタイ　ドゥアイ　ガン　マイ？

　　　pai duu ram thai dûai kan mǎi ?

（エ）パイ　ナン　ルア　ドゥアイ　ガン　マイ？

　　　pai nâŋ rɯa dûai kan mǎi ?

11. 少し話せます。

（ア）アーン　ダイ　ニッノイ　　　àan dâi nítnɔ̀i

（イ）キアン　ダイ　ニッノイ　　　khǐan dâi nítnɔ̀i

（ウ）プーッ　ダイ　ニッノイ　　　phûut dâi nítnɔ̀i

（エ）ドゥーム　ダイ　ニッノイ　　　dɯ̀ɯm dâi nítnɔ̀i

12. 全部いくらですか。

（ア）ニー　タオライ？　　　　　nîi thâorai ?

（イ）タンモッ　タオライ？　　　tháŋmòt thâorai ?

（ウ）ワンティー　タオライ？　　wanthîi thâorai ?

（エ）アーユ　タオライ？　　　　aayú thâorai ?

13. 次の文章を日本語に訳してみましょう。

ワン　グーッ　ポム、ワンティー　スィップ　サーム　メーサーヨン　クラップ。ポム　グーッ　ワン　スック　クラップ。ポム　アーユ　イースィップ　ピー　クラップ。ティー　ムアン　イープン、ドゥアン　メーサーヨン　ペン　ルドゥー　バイマイプリ　クラップ。ポム　チョープ　ルドゥー　バイマイプリ　マーク　クラップ。ルドゥー　ローン　ピーニー、ポム　チャ　パイ　ムアン　タイ　クラップ。ポム　チャ　パイ　ドゥー　ムアイ　タイ　クラップ。ポム　ヤーク　リアン　ムアイ　タイ　クラップ。

wan kèət phŏm, wan thîi sìp săam meesăayon khráp

phŏm kèət wan sùk khráp

phŏm aayú yîi sìp pii khráp

thîi mɯaŋ yîipùn, dɯan meesăayon pen rɯ́duu baimáiphlì khráp

phŏm chɔ̂ɔp rɯ́duu baimáiphlì mâak khráp

rɯ́duu rɔ́ɔn pii níi phŏm cà pai mɯaŋ thai khráp

phŏm cà pai duu muai thai khráp

phŏm yàak rian muai thai khráp

_____

_____

_____

_____

_____

_____

おめでとう！
あなたは「ひよこ」から
「にわとり」へステップ
アップしました♪♪

■　会話　■

ナリン：　来週の土曜日、家でパーティー
　　　　　があります。あなたは来られますか。
はるき：　何時からですか。
ナリン：　正午から夕方４時までです。
はるき：　行けます。

ナリン：　ワン　サオ　ナー、チャ　ミー　ガーンリアン　ティー　バーン、
　　　　　クン　マー　ダイ　マイ　カ？

　　　　　wansǎo nâa, cà mii ŋaanlíaŋ thîi bâan, khun maa dâi mǎi khá ?

　　　　　วันเสาร์ หน้า จะ มี งานเลี้ยง ที่ บ้าน　คุณ มา ได้ ไหม คะ

はるき：　タンテー　ギー　モーン　クラップ？

　　　　　tâŋtèɛ kìi mooŋ khráp ?

　　　　　ตั้งแต่ กี่ โมง ครับ

ナリン：　タンテー　ティアン　トゥン　スィー　モーン　イェン　カ

　　　　　tâŋtèɛ thîaŋ thǔŋ sìi mooŋ yen khâ

　　　　　ตั้งแต่ เที่ยง ถึง 4 โมง เย็น ค่ะ

はるき：　パイ　ダイ　クラップ

　　　　　pai dâi khráp

　　　　　ไป ได้ ครับ

139

新単語

CD2 21

パーティー	ガーンリアン	ŋaanlíaŋ, งานเลี้ยง
宿題	ガーンバーン	kaanbâan, การบ้าน
朝	チャーオ	cháao, เช้า
正午	ティアン	thîaŋ, เที่ยง
午後	バーイ	bàai, บ่าย
夕方	イェン	yen, เย็น
～半	クルン	khrûŋ, ครึ่ง
～ちょうど	トロン	troŋ, ตรง
～時	モーン	mooŋ, โมง
～分	ナーティー	naathii, นาที
～から（時間）	タンテー	tâŋtὲε, ตั้งแต่
～まで、～に着く	トゥン	thǔŋ, ถึง

1日の行動 CD2 22

起きる トゥーン tɯ̀ɯn ตื่น	ご飯を食べる ギン　カーオ kin khâao กิน ข้าว
学校へ行く パイ　ローンリアン pai rooŋrian ไป โรงเรียน	勉強する リアン rian เรียน
サッカーをする レン　フッボン lên fútbɔn เล่น ฟุตบอล	家へ帰る グラップ　バーン klàp bâan กลับ บ้าน
宿題をする タム　ガーンバーン tham kaanbâan ทำ การบ้าน	テレビを見る ドゥー　ティーウィー duu thiiwii ดู ทีวี
風呂に入る、シャ ワーを浴びる アープ ナーム àapnáam อาบน้ำ	寝る ノーン nɔɔn นอน

141

🚌 時間の言い方 CD2 23

午前１時	ティー　ヌン	tii nɯ̀ŋ, ตี หนึ่ง
午前２時	ティー　ソーン	tii rɔ̌ɔŋ, ตี สอง
午前３時	ティー　サーム	tii sǎam, ตี สาม
午前４時	ティー　スィー	tii sìi, ตี สี่
午前５時	ティー　ハー	tii hâa, ตี ห้า
午前６時	ホック　モーン　チャーオ	hòk mooŋ cháao, หก โมง เช้า
午前７時	チェッ　モーン　チャーオ	cèt mooŋ cháao, เจ็ด โมง เช้า
午前８時	ペーッ　モーン　チャーオ	pɛ̀ɛt mooŋ cháao, แปด โมง เช้า
午前９時	ガーオ　モーン　チャーオ	kâao mooŋ cháao, เก้า โมง เช้า
午前１０時	スィップ　モーン　チャーオ	sìp mooŋ cháao, สิบ โมง เช้า
午前１１時	スィップ　エッ　モーン　チャーオ	sìp èt mooŋ cháao, สิบเอ็ด โมง เช้า
正午	ティアン	thîaŋ, เที่ยง
午後１時	バーイ（ヌン）モーン	bàai (nɯ̀ŋ) mooŋ, บ่าย (หนึ่ง) โมง
午後２時	バーイ　ソーン　モーン	bàai rɔ̌ɔŋ mooŋ, บ่าย สอง โมง
午後３時	バーイ　サーム　モーン	bàai sǎam mooŋ, บ่าย สาม โมง
午後４時	スィー　モーン　イェン	sìi mooŋ yen, สี่ โมง เย็น
午後５時	ハー　モーン　イェン	hâa mooŋ yen, ห้า โมง เย็น
午後６時	ホック　モーン　イェン	hòk mooŋ yen, หก โมง เย็น
午後７時	ヌン　トゥム	nɯ̀ŋ thûm, หนึ่ง ทุ่ม
午後８時	ソーン　トゥム	rɔ̌ɔŋ thûm, สอง ทุ่ม
午後９時	サーム　トゥム	sǎam thûm, สาม ทุ่ม
午後１０時	スィー　トゥム	sìi thûm, สี่ ทุ่ม
午後１１時	ハー　トゥム	hâa thûm, ห้า ทุ่ม
午前０時	ティアン　クーン	thîaŋ khɯɯn, เที่ยง คืน

142

◆　タイの時刻は「時間帯」によって言い方が違います。

・　昔、午前１時〜５時までの間、金属のような板をたたいて時間を
　　知らせていました。「ティー」は「たたく」という意味です。

・　朝６時〜夕方６時までの間、銅鑼をたたいて時間を知らせてい
ました。銅鑼の音が「モーン」と聞こえるので、「○○モーン」と言うようにな
りました。「午後１時」は、１（ヌン）を省略して、「バーイ　モーン」と言う
ことが多いです。

・　正午は「ティアン」と言います。正午を知らせるために大砲を打っていた
　　時代もありました。

・　夜の７時から、太鼓をたたいて時間を知らせていました。７時は１回、８時
　　は２回と夜の11時まで回数を増やしていきます。太鼓の音が「トゥム」と
　　聞こえるので、「○○トゥム」と言うようになりました。

- 「深夜0時」は正午の「ティアン」に「夜」を意味する「クーン」をつけて、「ティアン　クーン」と言います。
- 時間にくっついている「チャーオ」は「朝」、「バーイ」は「午後」で、「イェン」は「夕方」を意味します。会話の流れで時間帯がはっきりしている場合は、これらを省略することができます。
- 時刻認識が間違えやすい鉄道などの交通機関、放送や報道、会議の連絡などでは「24時制」も使われています。午前0時～23時を表現するときは、「○○ナーリカー　naalikaa,　นาฬิกา」を使います。「午後2時半（バーイ　ソーン　モーン　クルン）」を24時制にすると「14時30分（スィップ　スィー　ナーリカー　サーム　スィップ　ナーティー」になります。

　時間を伝える単語は、文の「最初」または「末尾」に置きます。文章の間にはおきません。

- わたしは午前5時に起きました。
  チャン　トゥーン　ティー　ハー
  chǎn tùɯn tii hâa　ฉัน ตื่น ดี ห้า

- わたしは午前8時に学校に着きました。
  チャン　トゥン　ローンリアン　ペーッ　モーン　チャーオ
  chǎn thǔŋ rooŋrian pèɛt mooŋ cháao　ฉัน ถึง โรงเรียน แปด โมง เช้า

タイ語に訳してみましょう。

1.　母は朝6時に起きました。

　　_____

2.　わたしは午後5時に家に帰りました。

　　_____

3.　わたしは午後11時に寝ました。

　　_____

◆　「何時ですか？」時間の聞き方。

時間の尋ね方は、厳密に言うと時間帯に対して変わりますが、下記の❷のパターン「何時ですか？（ギー　モーン？）」は時間帯に関係なく使えます。迷ったら❷を使いましょう。

午前1時〜5時までの時間帯

❶　ティー　タオライ？　　　tii thâorai, ตี เท่าไร

午前6時〜午後6時までの時間帯（どの時間帯にでも使います）

★　❷　ギー　モーン？　　　kìi mooŋ, กี่ โมง

午後7時から午前0時までの時間帯

❸　ギー　トゥム？　　　kìi thûm, กี่ ทุ่ม

◆　分（ナーティー）、半（クルン）、ちょうど（トロン）

分（ナーティー）、半（クルン）、ちょうど（トロン）を表す語は「〜時」の後ろに付きます。

・　午前10時15分

チャーオ　スィップ　モーン　スィップ　ハー　ナーティー

cháao sìp mooŋ sìp hâa naathii　เช้า สิบ โมง สิบ ห้า นาที

・　午後3時半

バーイ　サーム　モーン　クルン

bàai sǎam mooŋ khrûŋ　บ่าย สาม โมง ครึ่ง

・　午後8時ちょうど

ソーン　トゥム　トロン

sɔ̌ɔŋ thûm troŋ　สอง ทุ่ม ตรง

タイ語に訳してみましょう。

4. 午後 11 時ちょうど。

　　_____

5. 午後 3 時半。

　　_____

6. 午後 8 時 20 分。

　　_____

◆　「午前」、「午後」、「夕方」の位置
　　午後（バーイ）は、時間の「前」に置きます。

・　午後 3 時。
　　◎　バーイ　サーム　モーン　　bàai sǎam mooŋ　 บ่าย สาม โมง
　　✕　サーム　モーン　バーイ　　sǎam mooŋ bàai　สาม โมง บ่าย

　　「午前（チャーオ）」と「夕方（イェン）」は、時間の「前」または「後ろ」
に置くことができます。

・　夕方 5 時。
　　◎　イェン　ハー　モーン　　yen hâa mooŋ　เย็น ห้า โมง
　　◎　ハー　モーン　イェン　　hâa mooŋ yen　ห้า โมง เย็น

次の時間をタイ語で言ってみましょう。

7. 　　8. 　　9.

_____　　_____　　_____

146

10.

11. PM

12.

_____   _____   _____

🚌 「～から（タンテー）」と「～まで（トゥン）」 CD2 24

　時間や期間の始まりを表すときは「～から（タンテー）」、終わりを表すときは「～まで（トゥン）」を使います。どちらも時間や期間を表す単語の前につけます。

・　ぼくは午後6時から午後7時までタイ語を勉強しました。

　　ポム　リアン　パーサー　タイ　タンテー　ホック　モーン　イェン
　　トゥン　ヌン　トゥム

　　phǒm rian phaasǎa thai tâŋtὲε hòk mooŋ yen thǔŋ nὺŋ thûm

　　ผม เรียน ภาษา ไทย ตั้งแต่ หก โมง เย็น ถึง หนึ่ง ทุ่ม

・　彼は17歳まで大阪にいました。

　　カオ　ユー　ティー　オーサカー　トゥン　アーユ　スィップ　チェッ　ピー

　　khǎo yùu thîi oosaakâa thǔŋ aayú sìp cèt pii

　　เขา อยู่ ที่ โอซากา ถึง อายุ สิบ เจ็ด ปี

・　彼は9月から12月までバンコクへ行きます。（未来形）

　　カオ　チャ　パイ　グルンテープ　タンテー　ドゥアン　カンヤーヨン
　　トゥン　ドゥアン　タンワーコム

　　khǎo cà pai kruŋthêep tâŋtὲε dwan kanyaayon thǔŋ dwan
　　thanwaakhom　เขา จะ ไป กรุงเทพฯ ตั้งแต่ เดือน กันยายน ถึง เดือน ธันวาคม

147

タイ語に訳してみましょう。

13. わたしは月曜日から金曜日まで働いています。

_____

14. 父は午前8時から午後5時半まで働いています。

_____

15. 彼は午前1時から午前7時まで寝ました。

_____

◆　一日の行動を言ってみましょう。

昨日、ぼくは午前6時に起きました。

ぼくは午前10時半に大学へ行きました。

ぼくは午後1時10分にご飯を食べました。

ぼくは午後8時に家に帰りました。

ぼくは午前1時に寝ました。

ムアワーンニー、ポム　トゥーン　ホック　モーン　チャーオ。
ポム　パイ　マハーウィッタヤーライ　スィップ　モーン　クルン。
ポム　ギン　カーオ　バーイ　モーン　スィップ　ナーティー。
ポム　グラップ　バーン　ソーン　トゥム。
ポム　ノーン　ティー　ヌン。

mûawaanníi, phǒm tùwn hòk mooŋ cháao, phǒm pai mahǎawítthayaalai
sìp mooŋ khrûŋ, phǒm kin khâao bàai mooŋ sìp naathii, phǒm
klàp bâan sɔ̌ɔŋ thûm, phǒm nɔɔn tii nùŋ

เมื่อวานนี้ ผม ตื่น หก โมง เช้า　ผม ไป มหาวิทยาลัย สิบ โมง ครึ่ง　ผม กิน ข้าว บ่าย โมง สิบ นาที
ผม กลับ บ้าน สอง ทุ่ม　ผม นอน ตี หนึ่ง

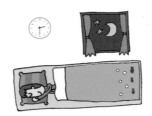

第18課　タクシーに乗る

■　会話　■

(CD2 25)

はるき：　スワンナプーム空港近くの、ギンゲーオ通り、
　　　　　ギンゲーオ 33 番路地に行ってください。

運転手：　高速道路を使いますか。

はるき：　今日は渋滞していますか。

運転手：　今日は渋滞していません。

はるき：　じゃ、高速道路を使わなくてもいいです。
　　　　　メーターを押してください。

はるき：　パイ　タノン　ギンゲーオ、ソーイ　ギンゲーオ　サーム
　　　　　スィップ　サーム、グライ　サナームビン　スワンナプーム
　　　　　クラップ

　　　　　pai thanǒn kìŋkɛ̂ɛo, sɔɔi kìŋkɛ̂ɛo sǎam sìp sǎam klâi sanǎambin

　　　　　suwannaphuum khráp

　　　　　ไป ถนน กิ่งแก้ว ซอย กิ่งแก้ว สาม สิบ สาม ใกล้ สนามบิน สุวรรณภูมิ ครับ

運転手：　クン　ターンドゥアン　マイ　カ？

　　　　　khûn thaaŋdùan mǎi khá ?　　ขึ้น ทางด่วน ไหม คะ

はるき：　ワンニー、ロッ　ティッ　マイ　クラップ？

　　　　　wanníi, rót tìt mǎi khráp ?　　วันนี้ รถ ติด ไหม ครับ

運転手：　ワンニー、ロッ　マイ　ティッ　カ

　　　　　wanníi rót mâi tìt khâ　　วันนี้ รถ ไม่ ติด ค่ะ

はるき：　ガン、マイ　トン　クン　ターンドゥアン　クラップ
　　　　　ゴッ　ミトァー　ドゥアイ　クラップ

　　　　　ŋán, mâi tôŋ khûn thaaŋdùan khráp, kòt mítɤ̂ɤ dûai khráp

　　　　　งั้น ไม่ ต้อง ขึ้น ทางด่วน ครับ　　กด มิเตอร์ ด้วย ครับ

149

新単語

空港	サナームビン	sanăambin, สนามบิน
ホテル	ローンレーム	rooŋrɛɛm, โรงแรม
エメラルド寺院	ワッ　プラゲーオ	wát phrákɛ̂ɛo, วัด พระแก้ว
道、通り	タノン	thanŏn, ถนน
路地	ソーイ	sɔɔi, ซอย
高速道路	ターンドゥアン	thaaŋdùan, ทางด่วน
乗る	クン、ナン	khûn, nâŋ, ขึ้น, นั่ง
降りる	ロン	loŋ, ลง
渋滞	ロッ　ティッ	rót tìt, รถ ติด
じゃ	ガン	ŋán, งั้น
どのように	ヤンガイ	yaŋŋai, ยังไง
～しなければならない	トン	tɔ̂ŋ, ต้อง
～しなくてもよい	マイ　トン	mâi tɔ̂ŋ, ไม่ ต้อง
～線（電車）、～番（バス）	サーイ	săai, สาย
メーターを押してください	ゴッ　ミトァー　ドゥアイ	

kòt mítɛ̂ə dûai, กด มิเตอร์ ด้วย

いろいろな乗り物 CD2 27

	車 ／ ロッ rót รถ		自転車 チャクラヤーン càkkrayaan จักรยาน
	バイク モートァーサイ mɔɔtəəsai มอเตอร์ไซค์		トゥクトゥク ／　　／ ロッ　トゥクトゥク rót túktúk รถ ตุ๊กๆ
	タクシー ／　　^ テックスィー théksîi แท็กซี่		バス ／ ^ ロッメー rótmee รถเมล์
	電車 ／ ロッファイ rótfai รถไฟ		地下鉄 ／　　　　^ ロッファイ　タイディン rótfai tâidin รถไฟ ใต้ดิน
	飛行機 ^ クルアンビン khrûaŋbin เครื่องบิน		船 ルア rwa เรือ

高架鉄道 BTS	／　　　／ ロッファイファー　ビーティーエス	
	rótfaifáa BTS	รถไฟฟ้า BTS
地下鉄 MRT	／　　　／　　^ ロッファイファー　タイディン　エムアーティー	
	rótfaifáa tâidin MRT	รถไฟฟ้า ใต้ดิน MRT

BTS は「ロッファイファー BTS」、MRT は「ロッファイファー　タイディン MRT」　と言う名称ですが、電車は通常「ロッファイ」で、地下鉄は「ロッファイ　タイディン」と言います。

建物や場所

①	空港	サナームビン	sanǎambin, สนามบิน
②	家	バーン	bâan, บ้าน
③	大学	マハーウィッタヤーライ	mahǎawítthayaalai, มหาวิทยาลัย
④	寺	ワッ	wát, วัด
⑤	駅	サターニー（ロッファイ）	sathǎanii (rótfai), สถานี (รถไฟ)
⑥	学校	ローンリアン	rooŋrian, โรงเรียน
⑦	船着き場、港	タールア	thâarɯa, ท่าเรือ
⑧	病院	ローンパヤバーン	rooŋphayabaan, โรงพยาบาล

「乗る（クン）」と「降りる（ロン）」 🎧 29

◆　「乗りものに乗るとき」には「乗る、上がる」を意味する「クン」、
降りるときには「降りる、下がる」を意味する「ロン」を使います。
「クン」の代わりに「座る」を意味する「ナン」を使うこともできます。

- バスに乗る。
  - ➡ クン　ロッメー　　　khûn rótmee　ขึ้น รถเมล์
  - ➡ ナン　ロッメー　　　nâŋ rótmee　นั่ง รถเมล์

- 東京駅で電車に乗る。
  クン　ロッファイ　ティー　サターニー　トーキアオ
  khûn rótfai thîi satăanii tookiao　ขึ้น รถไฟ ที่ สถานี โตเกียว

- 銀座駅で降りる。
  ロン　ティー　サターニー　ギンサー
  loŋ thîi sathăanii kinsâa　ลง ที่ สถานี กินซ่า

タイ語に訳してみましょう。

1.　地下鉄に乗る。

　　_____

2.　タクシーを降りる。

　　_____

3.　羽田空港で降りる。

　　_____

◆　「高速道路にのる」と言いたいときは「乗る（クン）」または「使う
（チャイ）」を使い、「降りる」ときは「ロン」を使います。

- 高速道路にのる。
  - ➡ クン　タードゥアン　　　khûn thaaŋdùan　ขึ้น ทางด่วน
  - ➡ チャイ　タードゥアン　　chái thaaŋdùan　ใช้ ทางด่วน

- 高速道路をおりる。

  ロン　ターンドゥアン

  loŋ thaaŋdùan ลง ทางด่วน

 ～に乗って…へ行く（クン／ナン～パイ…）🎧30

「～に乗って…へ行く」のような動詞が複数ある文章のときは、それぞれの動詞の後ろに「乗りもの」や「場所」を表す単語を置きます。「乗る」は「クン」と「ナン」どちらを使ってもいいです。

$$\boxed{クン／ナン} + \boxed{乗り物} + \boxed{パイ} + \boxed{場所}$$

- 飛行機に乗ってチェンマイへ行きます。

  クン　クルアンビン　パイ　チェンマイ

  khûn khrɯ̂aŋbin pai chiaŋmài　ขึ้น เครื่องบิน ไป เชียงใหม่

- トゥクトゥクに乗って病院へ行きます。

  ナン　ロッ　トゥクトゥク　パイ　ローンパヤバーン

  nâŋ rót túktúk pai rooŋphayabaan　นั่ง รถ ตุ๊กตุ๊ก ไป โรงพยาบาล

タイ語に訳してみましょう。

4. タクシーに乗って、病院へ行きます。

   _____

5. バスに乗って、エメラルド寺院へ行きます。

   _____

6. 電車に乗って、会社へ行きます。

   _____

154

~しなければならない（トン）^{CD} ⓶ 31

◆　「～しなければならない」と言いたい場合は、助動詞の「トン」を
「動詞／動詞句」もしくは「形容詞」の前に置きます。

| 主語 | + | ト̂ン | + | 動詞／動詞句 | + | 形容詞 |

・　明日、ぼくは空港へ正午に着かなければなりません。
　　プル̂ンニー、ポ̌ム　ト̂ン　トゥ̀ン　サナ̌ームビン　ティ̂アン

　　phrûŋníi, phǒm tôŋ thɯ̌ŋ sanǎambin thîaŋ　　พรุ่งนี้ ผม ต้อง ถึง สนามบิน เที่ยง

・　ビールは冷たくなければならない。
　　ビア　ト̂ン　イェン

　　bia tôŋ yen　　เบียร์ ต้อง เย็น

問：　エメラルド寺院へ行くのには、何番のバスに乗らなければなりませんか。
　　パイ　ワッ̀　プラゲ̂ーオ、ト̂ン　ク̂ン　ロッ̀メー　サ̌ーイ　アライ？

　　pai wát phrákɛ̂ɛo, tôŋ khɯ̂n rótmee sǎai arai ?

　　ไป วัด พระแก้ว ต้อง ขึ้น รถเมล์ สาย อะไร

答：　15番です。
　　サ̌ーイ　スィ̀ップ　ハ̂ー

　　sǎai sìp hâa　　สาย สิบ ห้า

タイ語に訳してみましょう。

7.　土曜日、会社へ行かないといけません。

　　_____

8.　渋滞している、高速道路を使わないといけません。

　　_____

9.　来週、わたしは日本に帰らなければいけません。

　　_____

155

◆　「～しなくてもよい」と言いたい場合は、助動詞の「マイ　トン」を「動詞／動詞句」もしくは「形容詞」の前に置きます。

| 主語 | + | マイ | + | トン | + | 動詞／動詞句 | + | 形容詞 |

・　明日、学校へ行かなくてもいいです。
　　プルンニー、マイ　トン　パイ　ローンリアン
　　phrûŋníi, mâi tôŋ pai rooŋrian　พรุ่งนี้ ไม่ ต้อง ไป โรงเรียน

・　高速道路を使わなくてもいいです。
　　マイ　トン　クン　ターンドゥアン
　　mâi tôŋ khûn thaaŋdùan　ไม่ ต้อง ขึ้น ทางด่วน

タイ語に訳してみましょう。

10.　タクシーを使わなくてもいいです。

_____

11.　今日は、料理を作らなくてもいいです。

_____

～はどのように行くのですか（パイ　ヤンガイ？）　CD2 32

ある場所への行き方を聞くとき「パイ　ヤンガイ」を使います。

| 場所 | + | パイ | + | ヤンガイ？ |

・　エメラルド寺院は、どのように行くのですか。
　　ワッ　プラゲーオ　パイ　ヤンガイ？
　　wát phrá kêɛo pai yaŋŋai？　วัด พระ แก้ว ไป ยังไง

タイ語に訳してみましょう。

12. 空港は、どのように行くのですか。

_____

13. 水上マーケットは、どのように行くのですか。

_____

14. あなたの家は、どのように行くのですか。

_____

トゥクトゥクは別名「サーム　ロー sǎamlɔ́ɔ สามล้อ」とも言います。「ロー lɔ́ɔ ล้อ」は「タイヤ」で、タイヤが３輪あるので「サーム　ロー」と言います。走るとき、エンジンの音がトゥクトゥクと聞こえるため「トゥクトゥク」という愛称で親しまれています。ちなみに、大型トラックのことを「ロッ　バン　トゥック rót banthúk รถ บรรทุก」または「スィップロー sìplɔ́ɔ สิบล้อ」と言います。

■　会話　■

🎵 33

はるき：　お誕生日おめでとう。こちら、誕生日プレゼントです。

ナリン：　ありがとう。どうぞ中へ。友達たちが待ってます。

＊＊＊＊＊＊＊＊＊＊＊＊

ナリン：　ちょっと友達たちを紹介させてください。
　　　　　こちら、はるきさん。日本から来ました。

はるき：　こんにちは。

友達たち：こんにちは。

はるき：　スックサン　ワン　グーッ　クラップ。
　　　　　ニー、コーンクワン　ワン　グーッ　クラップ。

　　　　　sùksăn wan kə̀ət khráp, nîi khɔ̆ɔŋkhwăn wankə̀ət khráp

　　　　　สุขสันต์ วัน เกิด ครับ　นี่ ของขวัญ วันเกิด ครับ

ナリン：　コープクン　カ、チューン　カーンナイ　カ。
　　　　　プアン　プアン　ガムラン　ロー　ユー　カ。

　　　　　khɔ̀ɔpkhun khâ, chəən khâaŋnai khâ

　　　　　phûan phûan kamlaŋ rɔɔ yùu khâ

　　　　　ขอบคุณ ค่ะ เชิญ ข้างใน ค่ะ　เพื่อนๆ กำลัง รอ อยู่ ค่ะ

　　　　　＊＊＊＊＊＊＊＊＊＊＊＊＊＊

ナリン：　コー　ネナム　プアン　ノイ　カ。
　　　　　ニー、クンハルキ、マー　チャーク　イープン　カ。

　　　　　khɔ̆ɔ nɛ́nam phûan nɔ̀i khâ,

　　　　　nîi, khun haruki, maa càak yîipùn khâ

　　　　　ขอ แนะนำ เพื่อน หน่อย ค่ะ นี่ คุณ ฮะรุคิ มา จาก ญี่ปุ่น ค่ะ

はるき：　サワッディー　クラップ。

　　　　　sawàtdii khráp　สวัสดี ครับ

友達たち：サワッディー　カ。

　　　　　sawàtdii khâ　สวัสดี ค่ะ

プレゼント	コーンクワン	khɔ̌ɔŋkhwǎn, ของขวัญ
友達たち	プアン　プアン	phɯ̂an phɯ̂an, เพื่อนๆ
大学の友達	プアン　ティー　マハーウィッタヤーライ	

phɯ̂an thîi mahǎawítthayaalai, เพื่อน ที่ มหาวิทยาลัย

待つ	ロー	rɔɔ, รอ
紹介する	ネナム	nénam, แนะนำ
どうぞ	チューン	chəən, เชิญ
中の方	カーンナイ	khâaŋnai, ข้างใน
近い	グライ	klâi, ใกล้
遠い	グライ	klai, ไกล
～している最中	ガムラン～ユー	kamlaŋ~yùu, กำลัง~อยู่
～から（場所）	チャーク	càak, จาก
ちょっと～	ノイ	nɔ̀i, หน่อย
お誕生日おめでとう	スックサン　ワン　グーッ	

sùksǎn wan kə̀ət, สุขสันต์ วัน เกิด

159

趣味の言い方 (CD2) 35

水泳する	ワーイナーム	wâaináam, ว่ายน้ำ
ピアノを弾く	レン ピアノー	lên pianoo, เล่น เปียโน
歌を歌う	ローン プレーン	rɔɔŋ phleeŋ, ร้อง เพลง
本を読む	アーン ナンスー	àan nǎŋsɯ̌ɯ, อ่าน หนังสือ
サッカーをする	レン フッボン	lên fútbɔɔn, เล่น ฟุตบอล

 〜している最中（ガムラン〜ユー） (CD2) 36

　進行形の「〜をしている最中、〜をしているところ」と言いたいときは、「ガムラン〜ユー」を使います。

$$\boxed{\text{ガムラン}} + \boxed{\text{動詞／動詞句}} + \boxed{\text{ユー}}$$

・　弟は本を読んでいます。（進行形）

　　ノーンチャーイ　ガムラン　アーン　ナンスー　ユー

　　nɔ́ɔŋchaai kamlaŋ àan nǎŋsɯ̌ɯ yùu　น้องชาย กำลัง อ่าน หนังสือ อยู่

・　姉はピアノを弾いています。（進行形）

　　ピーサーオ　ガムラン　レン　ピアノー　ユー

　　phîisǎao kamlaŋ lên pianoo yùu　พี่สาว กำลัง เล่น เปียโน อยู่

タイ語に訳してみましょう。

1. わたしは友達たちを待っています。（進行形）

   _____

2. 母は料理を作っています。（進行形）

   _____

3. 弟は宿題をしています。（進行形）

   _____

4. 姉は風呂に入っています。（進行形）

   _____

 ～から（チャーク） CD2 37

◆ 「～から（チャーク）」は、場所の出発地点を表すときに使います。
第 17 課で勉強した「～から（タンテー）」は時間の始まりを表すときに使います。

問: あなたはどこから来ましたか。

クン　マー　チャーク　ティナイ？

khun maa càak thînǎi?　คุณ มา จาก ที่ไหน

答: ぼくは日本から来ました。

ポム　マー　チャーク　イープン

phǒm maa càak yîipùn　ผม มา จาก ญี่ปุ่น

 「日本の国」は正確には「ムアン　イープン」ですが、長くなるため
口語では「ムアン」を省略することがよくあります。

・ 家から会社まで、少し遠いです。

チャーク　バーン　トゥン　ボリサッ、グライ　ニッノイ

càak bâan thǔŋ bɔrisàt, klai nítnɔ̀i　จาก บ้าน ถึง บริษัท ไกล นิดหน่อย

タイ語に訳してみましょう。

5. わたしは東京から来ました。

_____

6. 彼はバンコクから来ました。

_____

7. あなたどこから来ましたか。

_____

8. 空港からホテルまで、とても近いです。

_____

 ～させてください（コ̌ー + 動詞／動詞句） CD2 38

　　第 13 課では「コ̌ー」+「物」は「物をください」という意味でしたが、
「コ̌ー」の後ろに「動詞／動詞句」がついた場合は、「～をさせてください」
という意味になります。

　　「ちょっと（ノ́イ）」を文末につけると、「ちょっと～させてください」に
なり、表現がやわらかくなります。

$$\boxed{コ̌ー} + \boxed{動詞／動詞句} + \boxed{ノ́イ}$$

・　友達を紹介させてください。

　　コ̌ー　ネ́ナム　プ̂アン　ノ́イ

　　khɔ̌ɔ nɛ́nam phûan nɔ̀i　ขอ แนะนำ เพื่อน หน่อย

タイ語に訳してみましょう。

9. ちょっとトイレに行かせてください。

_____

10. ちょっとそれを見させてください。

_____

友達の紹介をしてみましょう。 (CD2) 39

友達を紹介させてください。　こちら、ナリンさんです。
彼女はタイ人です。　彼女はピアノを弾くのが好きです。
彼女は日本の歌が歌えます。　彼女は大学の友人です。
彼女は３年前に日本に来ました。

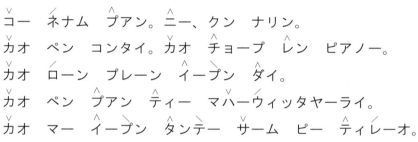

コー　ネナム　プアン。ニー、クン　ナリン。
カオ　ペン　コンタイ。カオ　チョープ　レン　ピアノー。
カオ　ローン　プレーン　イープン　ダイ。
カオ　ペン　プアン　ティー　マハーウィッタヤーライ。
カオ　マー　イープン　タンテー　サーム　ピー　ティレーオ。

khɔ̌ɔ nénam phûan. nîi, khun narin. khǎo pen khon thai.

khǎo chɔ̂ɔp lên pianoo. khǎo rɔ́ɔŋ phleeŋ yîipùn dâi.

khǎo pen phûan thîi mahǎawítthayaalai.

khǎo maa yîipùn tâŋtɛ̀ɛ sǎam pii thîlɛ́ɛo.

ขอ แนะนำ เพื่อน   นี่ คุณ นลิน   เขา เป็น คน ไทย

เขา ชอบ เล่น เปียโน   เขา ร้อง เพลง ญี่ปุ่น ได้

เขา เป็น เพื่อน ที่ มหาวิทยาลัย   เขา มา ญี่ปุ่น ตั้งแต่ สาม ปี ที่แล้ว

■　会話　■

CD2 40

店員：　どんなマッサージをご希望ですか。

はるき：ボディーマッサージです。

店員：　何時間ですか。

はるき：１時間（につき）いくらですか。

店員：　１時間（につき）３００バーツ、

　　　　２時間５５０バーツです。

はるき：じゃ、２時間。

店員：　どうぞ中へ。

＊＊＊＊＊＊＊＊＊＊

店員：　どこが痛いですか。

はるき：肩と腕です。

店員：　痛かったら、言ってくださいね。痛いですか。

はるき：ちょっと痛いです。軽くマッサージしてください。

店員：　ヌ̂アッ　アライ　カ́？
　　　　nûat arai khá?　นวด อะไร คะ

はるき：ヌ̂アッ　トゥア　クラ́ップ
　　　　nûat tua khráp　นวด ตัว ครับ

店員：　ギー　チ̂ュアモーン　カ́？
　　　　kìi chûamooŋ khá?　กี่ ชั่วโมง คะ

はるき：チ̂ュアモーン　ラ́　タ̂オライ　クラ́ップ？
　　　　chûamooŋ lá thâorai khráp?　ชั่วโมง ละ เท่าไร ครับ

164

店員: チュアモーン ラ サーム ローイ バーッ、ソーン チュアモーン
ハー ローイ ハー スィップ バーッ カ

chûamooŋ lá săam rɔ́ɔi bàat, sɔ̆ɔŋ chûamooŋ hâa rɔ́ɔi hâa sìp bàat

khâ　ชั่วโมง ละ สาม ร้อย บาท　สอง ชั่วโมง ห้า ร้อย ห้า สิบ บาท ค่ะ

はるき: ガン、ヌアッ ソーン チュアモーン クラップ

ŋán, nûat sɔ̆ɔŋ chûamooŋ khráp　งั้น นวด สอง ชั่วโมง ครับ

店員: チューン カーンナイ カ

chəən khâaŋnai khâ　เชิญ ข้างใน ค่ะ

* * * * * * * * *

店員： プアッ トロンナイ カ？

pùat troŋnǎi khá?　ปวด ตรงไหน คะ

はるき: トロン ライ ガップ ケーン クラップ

troŋ lài kàp khɛ̆ɛn khráp　ตรง ไหล่ กับ แขน ครับ

店員： ター チェップ ボーク ナ カ、チェップ マイ カ？

thâa cèp bɔ̀ɔk ná khá, cèp mǎi khá?

ถ้า เจ็บ บอก นะ คะ　เจ็บ ไหม คะ

はるき: チェップ ニッノイ クラップ、ヌアッ バオ バオ ノイ
クラップ

cèp nítnɔ̀i khráp, nûat bao bao nɔ̀i khráp

เจ็บ นิดหน่อย ครับ　นวด เบาๆ หน่อย ครับ

新単語

CD2 41

店	ラーン	ráan, ร้าน
マッサージ屋	ラーン ヌアッ	ráan nûat, ร้าน นวด
マッサージする	ヌアッ	nûat, นวด
伝える、言う	ボーク	bɔ̀ɔk, บอก
痛い	チェップ	cèp, เจ็บ
ズキズキ痛い	プアッ	pùat, ปวด
強く	レーン	rɛɛŋ, แรง
軽く	バオ	bao, เบา
～たら、もしも～	ター	thâa, ถ้า
１つにつき～	ラ	lá, ละ
ここ（狭い範囲を指す）	トロンニー	troŋníi, ตรงนี้
どこ（狭い範囲を指す）	トロンナイ	troŋnǎi, ตรงไหน
～回	クラン	khráŋ, ครั้ง
～時間（類別詞）	チュアモーン	chûamooŋ, ชั่วโมง

マッサージのコースメニュー

ボディーマッサージ	ヌアッ トゥア	nûat tua, นวด ตัว
フットマッサージ	ヌアッ ターオ	nûat tháo, นวด เท้า
首、肩マッサージ	ヌアッ コー、ライ	nûat khɔɔ, lài นวด คอ, ไหล่
オイルマッサージ	ヌアッ ナムマン	nûat námman, นวด น้ำมัน

🚌 体の各部位 CD2 42

頭、フア
hǔa, หัว

肩、ライ
lài, ไหล่

首・喉、コー
khɔɔ, คอ

お腹、トーン
thɔ́ɔŋ, ท้อง

腕、ケーン
khěɛn, แขน

背中、ラン
lǎŋ, หลัง

手、ムー
mɯɯ, มือ

脚、カー
khǎa, ขา

腰
エオ、サポーク
eo, sàphôok
เอว, สะโพก

足、ダーオ
tháao, เท้า

🚌 1つにつき～（ラ） CD2 43

◆ 「ラ」は「1つにつき～、1つあたり～」という意味です。「ラ」の前には、「日」や「時間」などの単位（類別詞）を表す単語がきます。日本語の「1日」のような、数字の「1」はいりません。

・ 1日につき、3回。

◎ ワン ラ サーム クラン

wan lá sǎam khráŋ วัน ละ สาม ครั้ง

✗ ヌン ワン ラ サーム クラン

nɯ̀ŋ wan lá sǎam khráŋ หนึ่ง วัน ละ สาม ครั้ง

・ マッサージ、1時間につき300バーツ。

ヌアッ、チュアモーン ラ サーム ローイ バーツ

nûat, chûamooŋ lá sǎam rɔ́ɔi bàat นวด ชั่วโมง ละ สาม ร้อย บาท

回数を表す部分は、文の最後に置きます。

ぼくはタイへ遊びに行く ＋ １年につき２回

・ ぼくはタイへ、１年につき２回遊びに行きます。

ポム　パイ　ティアオ　ムアン　タイ、ピー　ラ　ソーン　クラン

phǒm pai thîao mɯaŋ thai, pii lá sɔ̌ɔŋ khráŋ

ผม ไป เที่ยว เมืองไทย ปี ละ สอง ครั้ง

1. １年につき、３回

_____

2. １人につき、５００バーツ

_____

3. わたしは週に２回、タイ語を勉強します。

_____

◆ 「ラ」の前の数が「２つ以上」の場合は、「ラ」がつきません。

・ オイルマッサージ、2人1,600バーツです。

ヌアッ　ナムマン、ソーン　コン　パン　ホック　ローイ　バーツ

nûat námman sɔ̌ɔŋ khon phan hòk rɔ́ɔi bàat

นวด น้ำมัน สอง คน พัน หก ร้อย บาท

4. 　2人800バーツ

_____

5. 　マッサージ、2時間５００バーツです。

_____

痛みを表す表現「チェップ」と「プアッ」  CD 2 44

　「チェップ」は炎症、切り傷やピンポイントで表せる痛みを
表します。「プアッ」は鈍痛やずきずきとした痛みを表します。
腰痛や肩こりは「プアッ」で表します。

- ・（目の使い過ぎで）目がずきずき痛む。

  プアッ　ター

  pùat taa, ปวด ตา

- ・（ほこりが目に入って）目が痛い。

  チェップ　ター

  cèp taa, เจ็บ ตา

タイ語に訳してみましょう。

6.　首がこっている。（痛む）

　_____

7.　（扁桃腺炎で）のどが痛む。

　_____

 〜のところ（トロン） CD 2 45

「トロン〜」はピンポイントで狭い範囲を指すときによく使われます。
「トロンニー」は、狭い範囲を指す「ここ」、
「トロンナイ?」は、狭い範囲を指す「どこ」になります。

- ・どこが痛いですか。

  プアッ　トロンナイ？

  pùat troŋnǎi?　ปวด ตรงไหน

- ・腕のところが痛いです。

  プアッ　トロン　ケーン

  pùat troŋ khɛ̌ɛn　ปวด ตรง แขน

カッコ内の単語を使って、タイ語に訳してみましょう。

8. どこが痛みますか。（プアッ、pùat）

   _____

9. ここが痛いです。（チェップ、cèp）

   _____

10. 腕のところが痛いです。（チェップ、cèp）

   _____

 形容詞の反復 （命令を表す） CD2 46

　動詞の後ろに同じ形容詞を2回繰り返すことで、命令文の「～しなさい」という意味になります。強い命令ではなく「～してください」と言いたいときは、文の後ろに「ノイ」をつけましょう。

- 強くマッサージしてください。

  ヌアッ　レーン　レーン　ノイ

  nûat rɛɛŋ rɛɛŋ nɔ̀i　นวด แรง ๆ หน่อย

- 早く来てください。

  マー　レオ　レオ　ノイ

  maa reo reo nɔ̀i　มา เร็ว ๆ หน่อย

タイ語に訳してみましょう。

11. 軽くマッサージしてください。

   _____

12. ゆっくり話してください。

   _____

もしも〜、〜たら（ター） CD2 47

仮定の「もしも〜、〜たら」を表したいときは文の最初に「ター」をつけます。

・ お腹が空いたら、言ってね。

　　ター　ヒウ、ボーク　ナ

　　thâa hǐw, bɔ̀ɔk ná　ถ้า หิว บอก นะ

タイ語に訳してみましょう。

13.　辛かったら、食べられません。

　　_____

14.　来られなかったら、言ってね。（伝えてね）

　　_____

カッコ内に次の最も適切な単語を入れましょう。

> ライ(lài)、チュアモーン(chûamooŋ)、トロンニー(troŋníi)

15.　ここが痛みます。

　　プアッ　（　　　　　　　）　　　　　　　pùat （　　　　　　　）

16.　1時間につきいくらですか。

　　（　　　　　　）ラ　タオライ？　　　（　　　　　　）lá thâorai?

17.　肩がこっています。（痛む）

　　プアッ　（　　　　　）　　　　　　pùat （　　　　　）

171

■　会話　■

🅒2 48

医師：　どうしました。

患者：　すごくお腹が痛いです。

医師：　お腹を壊していますか。

患者：　お腹を壊してます。

医師：　吐き気がしますか。

患者：　吐き気がします。2、3回吐きました。

医師：　何を食べてきましたか。

患者：　生牡蠣を食べました。

医師：　いつからお腹が痛いですか。

患者：　昨晩からです。

医師：　食中毒だと思います。

医師：　ペン　アライ　カ？

　　　　pen arai khá?

　　　　เป็น อะไร คะ

患者：　プアッ　トーン　マーク　クラップ

　　　　pùat thɔ́ɔŋ mâak khráp

　　　　ปวด ท้อง มาก ครับ

医師：　トーン　スィア　ループラオ　カ？

　　　　thɔ́ɔŋ sǐa rɯ̌ɯɯplào khá?

　　　　ท้อง เสีย หรือ เปล่า คะ

患者：　トーン　スィア　クラップ

　　　　thɔ́ɔŋ sǐa khráp

　　　　ท้อง เสีย ครับ

医師: ク⁀ルーンサ⁀イ　ル⁀ープラオ　カ？

khlɯ̂ɯɯnsâi rɯ̌ɯplào khá？

คลื่นไส้ หรือเปล่า คะ

患者: ク⁀ルーンサ⁀イ　クラップ、アーチアン　ゾーン、サーム　クラン

khlɯ̂ɯɯnsâi khráp, aacian sɔ̌ɔŋ sǎam khráŋ

คลื่นไส้ ครับ อาเจียน 2-3 ครั้ง

医師: ターン　アライ　マー　カ？

thaan arai maa khá？

ทาน อะไร มา คะ

患者: ターン　ホ⁀イナーンロム　ゾッ　マー　クラップ

thaan hɔ̌inaaŋrom sòt maa khráp

ทาน หอยนางรม สด มา ครับ

医師: プ⁀アッ　トーン　タ⁀ンテー　ム⁀アライ　カ？

pùat thɔ́ɔŋ tâŋtɛ̀ɛ mɯ̂arai khá？

ปวด ท้อง ตั้งแต่ เมื่อไร คะ

患者: タ⁀ンテー　ム⁀アクーン　ニー　クラップ

tâŋtɛ̀ɛ mɯ̂akhɯɯɯn níi khráp

ตั้งแต่ เมื่อคืน นี้ ครับ

医師: キッ　ワ⁀ー　アーハーン　ペンピッ　カ

khít wâa aahǎan penphít khâ

คิด ว่า อาหาร เป็นพิษ ค่ะ

新単語

生ビール	ビア　ソッ	bia sòt, เบียร์ สด
医者	モー	mɔ̌ɔ, หมอ
薬	ヤー	yaa, ยา
薬局	ラーン　カーイ　ヤー	ráan khǎai yaa,
		ร้าน ขาย ยา
牡蠣	ホイナーンロム	hɔ̌inaaŋrom, หอยนางรม
生牡蠣	ホイナーンロム　ソッ	hɔ̌inaaŋrom sòt,
		หอยนางรม สด
食べる、飲む（丁寧語）	ラップラターン、ターン	ráppràthaan รับประทาน,
		thaan ทาน
（人を）訪ねる	パイ　ハー	pai hǎa, ไป หา
生、新鮮な	ソッ	sòt, สด
具合が悪い	マイ　サバーイ	mâi sabaai, ไม่ สบาย
食中毒	アーハーン　ペンピッ	aahǎan penphít,
		อาหาร เป็นพิษ
昨晩、昨夜	ムアクーン　ニー	mûakhɯɯn níi, เมื่อคืน นี้
どうしましたか	ペン　アライ？	pen arai, เป็น อะไร
～と思う	キッ　ワー	khít wâa, คิด ว่า

「食べる、飲む」は「ラップラターン」と「ギン」という２つの
言い方があります。「ラップラターン」は「ターン」と省略できま
す。「ギン」より丁寧な表現です。より上品な言い方をしたいとき
は「ラップラターン」または「ターン」を使いますが、家族や友人同士では
「ギン」を使う人が多いです。

病名の言い方 CD 2 50

	風邪をひく ペン　ワッ pen wàt เป็น หวัด		インフルエンザに かかる ペン　カイワッヤイ pen khâiwàtyài เป็น ไข้หวัดใหญ่
	蕁麻疹になる ペン　ロムピッ pen lomphít เป็น ลมพิษ		高血圧 クワームダン　ロー ヒッ　スーン khwaamdan loohìt sǔuŋ ความดัน โลหิต สูง

低血圧　クワームダン　ローヒッ　タム　khwaamdan loohìt tàm ความดัน โลหิต ต่ำ

 症状の言い方 CD 2 51

	咳をする アイ ai ไอ		吐き気がする クルーンサイ khlɯ̂ɯnsâi คลื่นไส้
	頭が痛い プアッ　フア pùat hǔa ปวด หัว		お腹が痛い プアッ　トーン pùat thɔ́ɔŋ ปวด ท้อง
	お腹を壊した トーン　スィア thɔ́ɔŋ sǐa ท้อง เสีย		嘔吐 アーチアン aacian อาเจียน

病名と症状の伝え方 52

◆ 病名の伝えかた

「〜は…である」と言いたいときは、「ペン」を使います。「〜病である」
「〜病にかかった」と伝えるときは、 主語 ＋ ペン ＋ 病名 の順に
言葉を並べて、文章を作ります。なお、日本では症状とされる食中毒、
蕁麻疹、高血圧などはタイでは「病」とされるため、「ペン」を使います。

・ わたしは風邪をひいています。

 チャン　ペン　ワッ

 chǎn pen wàt　ฉัน เป็น หวัด

・ 彼は蕁麻疹になりました。

 カオ　ペン　ロムピッ

 khǎo pen lomphít　เขา เป็น ลมพิษ

タイ語に訳してみましょう。

1.　わたしはインフルエンザになりました。

　_____

2.　父は高血圧です。

　_____

◆ 「症状」を伝えたいときは 主語 ＋ 症状 となります。この場合、
「ペン」は使いません。

・ わたしはお腹が痛いです。

 チャン　プアッ　トーン

 chǎn pùat thɔɔŋ　ฉัน ปวด ท้อง

・　彼は咳をしました。

ヴカオ　アイ

khǎo ai　เขา ไอ

タイ語に訳してみましょう。

3.　ぼくは吐き気がします。

_____

4.　子供がお腹を壊しました。

_____

 どうしましたか（ペン　アライ？）🎵 53

◆　「どうしましたか」と聞きたいときは、「ペン　アライ」を使います。

問：　どうしましたか。

ペン　アライ？

pen arai?　เป็น อะไร

答：　具合が悪いです。

^マイ　サバーイ

mâi sabaai　ไม่ สบาย

 ～をしてきた（動詞／動詞句＋マー）🎵 54

「～をしてきた」と過去形で言いたいときは、次の順に言葉を並べます。

| 主語 | + | 動詞／動詞句 | + | マー |

・　わたしは薬局へ行ってきました。

ヴチャン ｜パイ　ラーン　ヴカーイ　ヤー｜ ｜マー｜

chǎn pai ráan khǎai yaa maa　ฉัน ไป ร้าน ขาย ยา มา

・　ぼくは生牡蠣を食べてきました。

　　ポ̌ム　│ ターン　ホ̌イナーンロム　ソッ̌ │　│ マー │

　　phǒm thaan hǐinaaŋrom sòt maa　ผม ทาน หอย นางรม สด มา

・　あなたはどこへ行ってきましたか。

　　クン　│ パイ　ティ̂ナイ̌ │　│ マー？ │

　　khun pai thînǎi maa？　คุณ ไป ที่ไหน มา

タイ語に訳してみましょう。

5.　母は病院へ行ってきました。

　　_____

6.　ぼくはタクシーに乗ってきました。

　　_____

7.　姉はパッタイを買ってきた。

　　_____

　　「病院へ行く」と言いたいとき「パイ　ローンパヤバーン」以外に
　　「医者に行く（パイ　ハ̌ー　モ̌ー）」とも言います。重い病気では
ないときは、「パイ　ローンパヤバーン」より「パイ　ハ̌ー　モ̌ー」の方が
よく使われます。

～と思う（キッ́　ワ̂ー）🎶55

「キッ́」は「考える、思う」という意味です。「～と思う、～と考える」と
言いたいときは「キッ́　ワ̂ー」を使います。

│ 主語 │ ＋ │ キッ́　ワ̂ー │ ＋ │ 考えていること │

178

・ 彼は咳をしています。わたしは「彼は風邪をひいた」と思います。

カ̌オ　アイ。チャン　キッ　ワ̂ー「カ̌オ　ペン　ワ̀ッ」

khăo ai, chăn khít wâa「khăo pen wàt」

เขา ไอ　ฉัน คิด ว่า เขา เป็น หวัด

タイ語に訳してみましょう。

8. わたしは「彼は具合が悪い」と思います。

　_____

9. ぼくは「彼は中国人」だと思いました。

　_____

10. わたしは「タイ語の勉強は楽しい」と思います。

　_____

　　日本では病気をしたとき、１人で病院へ行くことが多いですが、
タイでは一般的に病人を１人で病院へ行かせることはありません。
特に高齢者の場合は、ほとんどと言っていいほど付添人がいます。
入院をした場合、家族が心配で病室に一緒に寝泊まりすることも
あります。

最も正しい訳を選びましょう。

1．空港

（ア）ローンリアン、rooŋrian

（イ）ワッ、wát

（ウ）サナームビン、sanǎambin

（エ）タラーッ、talàat

2．どうしましたか。

（ア）タム　ヤンガイ、tham yaŋŋai

（イ）ミー　アライ、mii arai

（ウ）パイ　ティナイ、pai thînǎi

（エ）ペン　アライ、pen arai

3．お腹を壊しました。

（ア）プアッ　トーン、pùat thɔ́ɔŋ

（イ）トーン　スィア、thɔ́ɔŋ sǐa

（ウ）クルーンサイ、khlɯ̂ɯɯnsâi

（エ）アーチィアン、aacian

4．肩

（ア）トーン、thɔ́ɔŋ

（イ）ラン、lǎŋ

（ウ）ファ、hǔa

（エ）ライ、lài

5．高速道路

（ア）タノン、thanǒn

（イ）ロッティッ、róttìt

（ウ）ルア、rɯa

（エ）ターンドゥアン、thaaŋdùan

6. 午後5時に帰宅しました。

　（ア）グラップ　バーン　ハー　チュアモーン

　　　klàp bâan hâa chûamooŋ

　（イ）グラップ　バーン　ハー　モーン　イェン

　　　klàp bâan hâa mooŋ yen

　（ウ）グラップ　バーン　ティー　ハー

　　　klàp bâan tii hâa

　（エ）グラップ　バーン　ハー　トゥム

　　　klàp bâan hâa thûm

7. あなたは何時に起きましたか。

　（ア）クン　トゥーン　ギー　モーン？

　　　khun tùɯɯn kìi mooŋ？

　（イ）クン　トゥーン　ギー　チュアモーン？

　　　khun tùɯɯn kìi chûamooŋ？

　（ウ）クン　トゥーン　チュアモーン　アライ？

　　　khun tùɯɯn chûamooŋ arai？

　（エ）クン　トゥーン　ギー　ナーティー？

　　　khun tùɯɯn kìi naathii？

8. 日本から来ました。

　（ア）マー　タンテー　イープン

　　　maa tâŋtὲὲ yîipùn

　（イ）マー　チャーク　イープン

　　　maa càak yîipùn

　（ウ）マー　トゥン　イープン

　　　maa thǔŋ yîipùn

　（エ）パイ　チャーク　イープン

　　　pai càak yîipùn

9. 飛行機に乗って行きます。

(ア) チャ クン ロッメー パイ

càkhûn rótmee pai

(イ) チャ クン クルアンビン パイ

càkhûn khrûaŋbin pai

(ウ) チャ クン ロッファイ パイ

càkhûn rótfai pai

(エ) チャ クン ルア パイ

càkhûn rɯa pai

10. 彼は年に2回、タイへ行きます。(1年につき2回)

(ア) カオ パイ ムアン タイ ピー ラ ソーン クラン

khǎo pai mɯaŋ thai pii lá sɔ̌ɔŋ khráŋ

(イ) カオ パイ ムアン タイ ヌン ピー ラ ソーン クラン

khǎo pai mɯaŋ thai nὺŋ pii lá sɔ̌ɔŋ khráŋ

(ウ) カオ パイ ムアン タイ ソーン クラン ラ ヌン ピー

khǎo pai mɯaŋ thai sɔ̌ɔŋ khráŋ lá nὺŋ pii

(エ) カオ パイ ムアン タイ ソーン ピー ラ ヌン クラン

khǎo pai mɯaŋ thai sɔ̌ɔŋ pii lá nὺŋ khráŋ

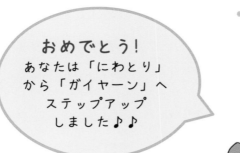

おめでとう！
あなたは「にわとり」
から「ガイヤーン」へ
ステップアップ
しました♪♪

 子音字 CD2 56

現在使われている子音字は 42 文字あります。

ก（ゴー　ガイ）　　　ข（コー　カイ）　　　ค（コー　クワーイ）

ฅ（コー　ラカン）　　ง（ゴー　グー）　　　จ（チョー　チャーン）

ฉ（チョー　チン）　　ช（チョー　チャーン）　ซ（ソー　ソー）

ฌ（チョー　チュー）　ญ（ヨー　イン）　　　ฎ（ドー　チャダー）

ฏ（トー　パタック）　ฐ（トー　ターン）　　ฑ（トー　モントー）

ฒ（トー　プータオ）　ณ（ノー　ネーン）　　ด（ドー　デック）

ต（トー　タオ）　　　ถ（トー　トゥング）　　ท（トー　タハーン）

ธ（トー　トン）　　　น（ノー　ヌー）　　　บ（ボー　バイマーイ）

ป（ポー　プラー）　　ผ（ポー　プン）　　　ฝ（フォー　ファー）

พ（ポー　パーン）　　ฟ（フォー　ファン）　ภ（ポー　サムパオ）

ม（モー　マー）　　　ย（ヨー　ヤック）　　ร（ロー　ルア）

ล（ロー　リン）　　　ว（ウォー　ウェーン）　ศ（ソー　サーラー）

ษ（ソー　ルースィー）ส（ソー　スア）　　　ห（ホー　ヒープ）

ฬ（ロー　チュラー）　อ（オー　アーン）　　ฮ（ホー　ノックフーク）

 子音字の発音記号

以下のもの以外の発音記号は、英語と同じ読み方をします。

1	ŋ	鼻にかけて、英語の「ng」と同じ音で発音します。
		例：ŋaa（ガー）、ŋii（ギー）、ŋuu（グー）
2	c	「c」で始まった単語は、「チャ」行で発音します。
		例：caa（チャー）、cii（チー）、cuu（チュー）

3	l	「ラ」行で発音します。
		例：laa（ラー）、lii（リー）、luu（ルー）
4	r	「ラ」行で発音しますが、舌を震わせながら発音します。
		例：raa（ラー）、rii（リー）、ruu（ルー）

 母音字の発音記号 (CD2) 57

日本語には「あ、い、う、え、お」の5つの母音があるに対して、タイ語には「う(uu, ɯɯ)」、「え (ee, ɛɛ)」、「お(oo, ɔɔ)」がそれぞれ2種類あります。日本語に無い「əə」の音などもあります。このテキストではこれらの微妙な音をカタカナで表すことができません。より正確な発音をしたいときは、何度もタイ人の発音を聴いて、発音の違いをしっかり確認しましょう。

1	aa	「アー」と発音します。
		例：maa（マー）、caa（チャー）
2	ai	「アイ」と発音します。
		例：bai（バイ）、ŋai（ガイ）
3	ao	「アオ」と発音します。
		例：rao（ラオ）、bao（バオ）
4	ii	「イー」と発音します。
		例：pii（ピー）、dii（ディー）
5	uu	口を縦に小さくつぼめて、「ウー」と発音します。
		例：tuu（トゥー）、nuu（ヌー）
6	ɯɯ	にっこりしているときの「い」の口で「ウー」と発音します。例：tɯɯ（トゥー）、nɯɯ（ヌー）
7	ee	少しあごを引いて「エー」と発音します。
		例：mee（メー）、dee（デー）
8	ɛɛ	あごを前に、少し舌を出しながら「エ」の口で「アー」と発音します。
		例：mɛɛ（メー）、dɛɛ（デー）
9	oo	口をたてに「オー」と同じ発音です。
		例：too（トー）、noo（ノー）

10	ɔɔ	口を大きく丸く、「お」の口で「あ」と発音します。
		例：tɔɔ（トー）、nɔɔ（ノー）
11	əə	顎をあげて、口を少し横に開き「お」と発音します。
		例：təə（トァー）、nəə（ヌァー）

「有気音」と「無気音」について CD2 58

タイ語には「有気音」と「無気音」があります。

◆ 「有気音」は息を吐きながら発する音です。「h」は「息を吐いて発音を しましょう」という意味です。

◆ 「無気音」は息を吐かずに発音します。鼻をつまんだときの音に似ています。

		有気音		無気音
1	kh-	khaa（カー）	k-	*kaa（カー／ガー）
2	ch-	chaa（チャー）	c-	caa（チャー）
3	th-	thaa（ター）	t-	taa（ター）
4	ph-	phaa（パー）	p-	paa（パー）

* 無気音「k」の音は、カタカナで表せない音です。単語によって、「カ」に聞こえること もあれば、「ガ」に聞こえることもあります。この本で使っている「タイ語のカタカナ表記」 は、日本人が学習しやすいものにするということを最優先に考えました。したがって、同じ 発音記号でも、単語によってカタカナ表記が異なることがあります。日本人の耳に聞こえる 音でより近いカタカナの方を採用して表記しています。

タイ語
ภาษาไทย
Thai language

第2課

P.15 1.ギン、kin　2.カノム、khanǒm　3.チャン、chǎn　P.16 4.ヤー、yaa
5.クン、khun P.17 6.カオ、khǎo　7.ループラオ、rɯ́ɯplào　8.ポンラマーイ、
phǒnlamáai　9.チョープ、chɔ̂ɔp　10.フッボン、fútbɔn　P.18 11.プレーン、
phleeŋ 12.マイ、mâi　13.プアン、phûan　14.タム　ガーン、tham ŋaan
P.19 15.カオ、khǎo　16.イ　17.ア　18.オ　19.エ　20.ウ　21.イ　22.エ　23.オ　24.
ウ　25.ア　P.20 26.ウ　27.エ　28.オ　29.イ　30.ア

第3課

P.23 1.タイ、thai　P.24 2.ナン、nǎŋ　3.アーハーン、aahǎan　4.イープン、
yîipùn　5.カノム、khanǒm　6.アーハーン　イープン、aahǎan yîipùn
7.プレーン　イープン、phleeŋ yîipùn P.25 8.アーハーン、aahǎan 9.タイ、
thai　10.カノム、khanǒm　11.アングリッ、aŋkrìt　12.チーン、ciin
13.パーサー、phaasǎa　P.26 14.オ　15.イ　16.エ　17.ア　18.ウ　P.29 19.
ヤーク、yâak　20.ガーン、ŋaan　21.アーハーン、aahǎan 22.アロイ、arɔ̀i
23.カノム、khanǒm 24.カノム　ワーン、khanǒm wǎan 25.アーハーン
ペッ、aahǎan phèt　P.30 26.ヤーク、yâak　27.ガーン、ŋaan 28.サヌック、
sanùk 29.ペッ、phèt　30.マムアン、mámûaŋ　P.31 31.イ　32.ウ　33.オ
34.ア　35.エ　36.オ　37.エ　38.イ　39.ア　40.ウ　P.32 41.イ　42.ウ
43.ア　44.イ　45.ウ

第4課

P.36 1.ラーン　アーハーン、ráan aahǎan　2.レック、lék　3.ホン、hɔ̂ŋ
4.ホンナーム、hɔ̂ŋnáam　5.グワーン、kwâaŋ　P.37 6.マイ、mâi 7.ワッ、
wát 8.ケープ、khɛ̂ɛp 9.ローンレーム、rooŋrɛɛm　10.マイ、mâi　P.38
11.レック、lék／マイ　レック、mâi lék　12.グワーン、kwâaŋ／マイ
グワーン、mâi kwâaŋ 13.ヤイ、yài／マイヤイ、mâi yài　P.39 14.エ
15.オ　16.イ　17.ウ　18.ア　19.ウ　20.オ　21.エ　22.ア　23.イ

第5課

P.45 1.チョープ、chɔ̂ɔp 2.プレーン、phleeŋ 3.辛い 4.友達 5.サヌック、sanùk 6.お手洗い、トイレ 7.サアーッ、sa-àat P.47 8.母はマンゴーを食べるのが好きです。9.父はコーヒーを飲むのが好きです。10.ぼくはタイの歌を聴くのが好きです。11.チョープ　パイ　ティアオ、chɔ̂ɔp pai thîao 12.チョープ　ギン、chɔ̂ɔp kin 13.チョープ　ドゥー、chɔ̂ɔp duu 14.チョープ　リアン、chɔ̂ɔp rian P.49 15.あなたは勉強が好きではないの？ 16.お手洗い（トイレ）は清潔ではないの？ 17.楽しくないの？ 18.プレーン　タイ、phleeŋ thai 19.アーハーン　ペッ、aahǎan phèt 20.プアン／ルー？、phɯ̂an／rɯ̌ɯ？ 21.サヌック、sanùk

第6課

P.52 1.タム　カノム、tham khanǒm 2.プーッ　パーサー　チーン、phûut phaasǎa ciin 3.パイ　ローンレーム、pai rooŋrɛɛm P.53 4.カオ　プーッ　パーサー　アングリッ　ゲン、khǎo phûut phaasǎa aŋkrìt kèŋ 5.プアン　タム　カノム　ゲン、phɯ̂an tham khanǒm kèŋ 6.ポー　タム　ガーン　レオ、phɔ̂ɔ tham ŋaan reo 7.コン　イープン　ギン　レオ、khon yîipùn kin reo 8.ガーン　マイ　サヌック、ŋaan mâi sanùk 9.プーッ　パーサー　アングリッ　マイ　ゲン、phûut phaasǎa aŋkrìt mâi kèŋ 10.タム　カノム　マイ　ゲン、tham khanǒm mâi kèŋ P.54 11.ヤーク　パイ　ホンナーム、yàak pai hɔ̂ŋ náam 12.ヤーク　ギン　アーハーン　アロイ、yàak kin aahǎan arɔ̀i 13.ポム　ヤーク／タレー、phǒm yàak／thalee P.55 14.カオ　マイ　ヤーク　リアン、khǎo mâi yàak rian 15.チャン　マイ　ヤーク　タム　アーハーン、chǎn mâi yàak tham aahǎan P.56 16.クン　ヤーク　パイ　ムアン　タイ　ルー　プラオ？、khun yàak pai mɯaŋ thai rɯ̌ɯplào？ 17.クン　ヤーク　ギン　ガーフェー　ループラオ？、khun yàak kin kaafɛɛ rɯ̌ɯplào？ 18.クン　ヤーク　パイ　ティアオ　タレー　ループラオ？、khun yàak pai thîao thalee rɯ̌ɯplào？

19. ワーン テー マイ アロイ、wăan tɛ̂ɛ mâi arɔ̀i P.57 20. ヤーク プーッ テー マイ ゲン、yàak phûut tɛ̂ɛ mâi kèŋ 21. アーハーン タイ ペッ テー アロイ、aahăan thai phèt tɛ̂ɛ arɔ̀i 22. クン ヤーク リアン アライ？、khun yàak rian arai? 23. クン ヤーク タム アライ？、khun yàak tham arai? 24. クン ヤーク タム アーハーン アライ？、khun yàak tham aahăan arai? P.58 25. サヌック／マイ サヌック、sanùk／mâi sanùk 26. チョープ chɔ̂ɔp／マイ チョープ、mâi chɔ̂ɔp 27. マムアン マイ ワーン、mámûaŋ mâi wăan 28. カオ ヤーク タム ガーン、khăo yàak tham ŋaan 29. クン ヤーク ギン アライ？、khun yàak kin arai? 30. ホン レック テー サアーッ、hɔ̂ŋ lék tɛ̂ɛ sa-àat

第7課

P.61 1. ポム ペン コン イープン、phŏm pen khon yîipùn 2. ポム ペン ナックリアン、phŏm pen nákrian 3. カオ ペン コン スアイ、khăo pen khon sŭai 4. カオ ペン プアン ナリン、khăo pen phŭan narin 5. アーハーン タイ アロイ、aahăan thai arɔ̀i 6. カオ スアイ、khăo sŭai P.62 7. チャン マイ チャイ コン チーン、chăn mâi châi khon ciin 8. トムヤムクン マイ チャイ アーハーン チーン、tômyamkûŋ mâi châi aahăan ciin P.63 9. ポム チュー ハルキ、phŏm chɯɯ haruki 10. クン チュー アライ？、khun chɯɯ arai? 11. ポム チューレン チュー マサ、phŏm chɯɯlên chɯɯ masa 12. フェーン チューレン チュー ララ、fɛɛn chɯɯlên chɯɯ lala 13. クン チューレン チュー アライ？、khun chɯɯlên chɯɯ arai? P.64 14. クン ナームサクン アライ？、khun naamsakun arai? 15. チャン ナームサクン タナカ、chăn naamsakun tanaka P.65 16. ポー ユー ティー ボリサッ、phɔ̂ɔ yùu thîi bɔrisàt 17. ローンリアン パーサー タイ ユー ティー イケブクロ、rooŋrian phaasăa thai yùu thîi ikebukuro P.66 18. プアン タム ガーン ティー

マハーウィッタヤーライ、phŵan tham ŋaan thîi mahăawítthayaalai 19.
チャン　リアン　パーサー　タイ　ティー　ローンリアン、chăn rian
phaasăa thai thîi rooŋrian　20.クン　ドゥー　ナン　タイ　ティナイ？、
khun duu năŋ thai thînăi？　21.クン　チョープ　パイ　ティアオ　ティナイ？、
khun chɔ̂ɔp pai thîao thînăi？　22.ホンナーム　ユー　ティナイ？、
hôŋnáam yùu thînăi？ P.67 23.ナリンはタイ人です。ナリンのあだ名は
メーオです。ナリンは東京に住んでいます。はるきはナリンの友達です。
はるきは日本人です。24.クルー、アーチャーン、khruu, aacaan　25.
ナックリアン、nákrian　26.バーン、bâan　27.ナン、năŋ

第8課

P.72 1.チャン　ミー　カノム、chăn mii khanŏm　2.ムアン　タイ　ミー
ポンラマーイ　アロイ、mɯaŋ thai mii phŏnlamáai arɔ̀i　3.プアン　ミー
フェーン、phŵan mii fɛɛn　4.ポム　ミー　ノーンサーオ、phŏm mii nɔ́ɔŋ
săao P.73 5.チャン　マイ　ミー　チューレン、chăn mâi mii chûɯlên
6.カオ　マイ　ミー　ルーク、khăo mâi mii lûuk　7.ポム　マイ　ミー　プアン
コン　タイ、phŏm mâi mii phŵan khon thai P.74 8.クン　ミー　ロッ　ルー
プラオ？、khun mii rót rɯ̆ɯplào？　9.クン　ミー　ピーノーン　ループラオ？、
khun mii phîinɔ́ɔŋ rɯ̆ɯplào？　10.クン　ミー　ロッ　ルー？、khun mii rót
rɯ̆ɯ？　11.クン　ミー　ルーク　ルー？、khun mii lûuk rɯ̆ɯ？ P.75　12.ムアン
イープン　マイ　ミー　マムアン　ルー？、mɯaŋ yîipùn mâi mii mámûaŋ
rɯ̆ɯ？　13.クン　マイ　ミー　ナンスー　パーサー　タイ　ルー？、khun mâi
mii năŋsɯ̆ɯ phaasăa thai rɯ̆ɯ？ P.76 14.ナンスー／レム、năŋsɯ̆ɯ／
lêm 15.サーム　カン、săam khan 16.コン／ソーン　コン、khon／sɔ̆ɔŋ khon
17.ナックリアン　ペーッ　コン、nákrian pɛ̀ɛt khon 18.ポー　ミー　ロッ
ソーン　カン、phɔ̂ɔ mii rót sɔ̆ɔŋ khan P.77 19.カオ　ミー　ルーク　ギー
コン？　サーム　コン、khăo mii lûuk kìi khon？ săam khon 20.クン　ミー

プアン　コン　タイ　ギー　コン？マイ　ミー、khun mii phûɯan khon thai kìi khon？ mâi mii P.78 21. はるきはタイ国が好きです。彼はタイ国へ遊びに行くのが好きです。タイ国にはきれいな海があります。彼はタイ料理を食べるのが好きです。タイ料理は辛いけれど、おいしいです。彼はきょうだいが４人います。彼はタイ人の友達が５人います。彼は大学でタイ語を勉強しています。タイ語は楽しいです。彼はタイ語をうまく話せるようになりたいです。P.79 22. サワッディー、チャン　チュー　ハナコ。チャン　ペン　コン　イープン。チャン　ペン　パナックガーン　ボリサッ。ボリサッ　ユー　ティー　トーキアオ。チャン　チョープ　ムアン　タイ。チャン　チョープ　ギン　アーハーン　タイ。チャン　ヤーク　プーッ　パーサー　タイ　ゲン。チャン　ヤーク　ミー　プアン　コン　タイ。sawàtdii, chǎn chûɯ hanako, chǎn pen khon yîipùn, chǎn pen phanákŋaan bɔrisàt, bɔrisàt yùu thîi tookiao, chǎn chɔ̂ɔp mɯaŋ thai, chǎn chɔ̂ɔp kin aahǎan thai, chǎn yàak phûut phaasǎa thai kèŋ, chǎn yàak mii phûan khon thai

第９課

P.80　1－イ　2－ウ　3－エ　4－ウ　5－ウ　6－ア　7－イ　P.81　8－ウ　9－ア　10－イ　P.82　11－イ　12－ア

第10課

P.87　1. サーム　スィップ　ハー、sǎam sìp hâa 2.（ヌン）ローイ　ホック　スィップ　ガーオ、(nùŋ) rɔ́ɔi hòk sìp kâao 3. ソーン　パン　ホック　ローイ　ペーッ　スィップ　エッ、sɔ̌ɔŋ phan hòk rɔ́ɔi pɛ̀ɛt sìp èt 4. ドゥアン　ナー　チャ　ローン、dɯan nâa cà rɔ́ɔn P.88 5. アーティッ　ナー、チャン　チャ　パイ　グルンテープ、aathít nâa, chǎn cà pai kruŋthêep 6. ポム　チャ マイ　スー　ロッ、phǒm cà mâi sɯ́ɯ rót 7. チャン　チャ　マイ　パイ　ティアオ、chǎn cà mâi pai thîao、8. ポム　チャ　マイ ギン　ラオ、phǒm cà mâi kin

191

lâo 9.プâン　チャ　パイ　ギン　アーハーン　タイ、phûan cà pai kin aahăan thai P.89 10.メ̂ー　チャ　パイ　スー　ポンラマ̂ーイ、mε̂ε cà pai sɯ́ɯ phŏn lamáai 11.ピーナ̂ー、ポム　チャ　スー　バ̂ーン、pii nâa, phŏm cà sɯ́ɯ bâan 12.ドゥアンナ̂ー、ポム　チャ　パイ　バ̂ーン　プâン、dɯan nâa, phŏm cà pai bâan phûan　13.プ̂ルンニー、チャン　チャ　パイ　マハーウィッタ ヤーライ、phrûŋníi, chăn cà pai mahăawítthayaalai P.90 14.チャン　チャ パイ　ムアン　タイ　ワンティー　スィップ　ホック、chăn cà pai mɯaŋ thai wanthîi sìp hòk 15.プ̂アン　コン　タイ　チャ　マー　ムアン　イ̂ープ̀ン ワンティ̂ー　サ̂ーム、phûan khon thai cà maa mɯaŋ yîipùn wanthîi săam 16.ワンニー　ワンティ̂ー　タ̂オライ？、wanníi, wanthîi thâorai? 17.クン グ̀ーッ ワンティ̂ー　タ̂オライ？、khun kə̀ət wanthîi thâorai? 18.クン　チャ パイ　グルンテ̂ープ　ワンティ̂ー　タ̂オライ？、khun cà pai kruŋthêep wanthîi thâorai? P.91 19.カオ　チャ　パイ　ムアン　タイ　ギ̀ー　ワン？、 khăo cà pai mɯaŋ thai kìi wan? 20.　プ̂アン　コン　タイ　チャ　ユー　ティー トーキアオ　ギ̀ー　ワン？、phûan khon thai cà yùu thîi tookiao kìi wan? P.92 21.ポ̂ー ペン　クルー、ピ̂ーチャーイ ゴ̂ー ペン クルー ムゥアンガン、 phɔ̂ɔ pen khruu, phîichaai kô pen khruu mɯ̆ankan　22.チャン グ̀ーッ ワン ティ̂ー ヌ̀ン、ノ̂ーン サーオ ゴ̂ー グ̀ーッ ワンティ̂ー ヌ̀ン ムアンガン、 chăn kə̀ət wanthîi nɯ̀ŋ, nɔ́ɔŋsăao kô kə̀ət wanthîi nɯ̀ŋ mɯ̆ankan　23.ピー チャーイ　マ̂イ　チョ̂ープ　アーハーン　ペ̀ッ、ピ̂ーサーオ　ゴ̂ー　マ̂イ チョ̂ープ　アーハーン　ペ̀ッ　ムアンガン、phîichaai mâi chɔ̂ɔp aahăan phèt, phîisăao kô mâi chɔ̂ɔp aahăan phèt mɯ̆ankan P.93 24.チャ、cà 25. ギ̀ー ワン、kìi wan 26.アーティッ ナ̂ー、aathít nâa　27.タ̂オライ、thâorai 28.グ̀ーッ、kə̀ət

第11課

P.97 1.クン　グ̀ーッ　ワン　アライ？、khun kə̀ət wan arai? 2.ワンニー、

192

ワン　アライ？、wanníi, wan arai？ 3.クン　チョープ　ワン　アライ？、khun chɔ̂ɔp wan arai？　4.クン　マイ　チョープ　ワン　アライ？、khun mâi chɔ̂ɔp wan arai？5.クン マー マハーウィッタヤーライ ワン アライ？、khun maa mahǎawítthayaalai wan arai？ P.100 6.パイ マイ？／マイ パイ、pai mǎi？／mâi pai 7.ナーラック　マイ？／ナーラック、nâarák mǎi？／nâarák　8.ヤーク　ギン　マイ？／マイ　ヤーク　ギン、yàak kin mǎi？／mâi yàak kin　9.クン　ヤーク　ドゥー　ラム　タイ　マイ？、khun yàak duu ram thai mǎi？　10.ヤーク　ドゥー、yàak duu 11.チョープ、chɔ̂ɔp 12.ヤーク（パイ）／マイ　ヤーク（パイ）、yàak (pai)／ mâi yàak (pai) P.101 13.ワンニー、マイ　ナーオ、wanníi, mâi nǎao P.102　14.プルンニー、パイ タレー　ドゥアイ ガン　マイ？、phrûŋníi, pai thalee dûay kan mǎi？ 15.ワン サオ、パイ ドゥー　ナン　ドゥアイ ガン　マイ？、wan sǎo pai duu nǎŋ dûai kan mǎi？ 16.ワン　プッ、パイ　ドゥー　ラム　タイ　ドゥアイ　ガン　マイ？、wan phút, pai duu ram thai dûay kan mǎi 17.ヤーク　パイ、yàak pai　18.オ 19.エ　20.ア　21.イ　22.ウ P.103　23.ローン、rɔ́ɔn 24.ナーオ、nǎao　25.ポンラマーイ、phǒnlamáai　26.コーン ファーク、khɔ̌ɔŋfàak 27.ナーラック、nâarák　28.ロッ、rót 29.ピーノーン、phîinɔ́ɔŋ　30.カノム、khanǒm　31.コン　チーン、khon ciin　32.スアイ、sǔai

第12課

P.107 1.ニー、ペッ マイ？、nîi, phèt mǎi？ 2.ナン、カノム　タイ、nân, khanǒm thai　3.ポム　ヤーク　スー　ノーン、phǒm yàak súɯ nôon P.108 4.ニー、タオライ？　ソーン　ローイ　バーッ、nîi, thâorai？ sɔ̌ɔŋ rɔ́ɔi bàat 5.ポー アーユ　タオライ？　ハー　スィップ　ピー、phɔ̂ɔ aayú thâorai？ hâa sìp pii P.109 6.アーン パーサー　タイ ダイ、àan phaasǎa thai dâi 7.ピーサーオ タム カノム ダイ、phîisǎao tham khanǒm dâi 8.ロッ マイ

193

ダイ、lót mâi dâi　9.チャイ　バッ　クレーディッ　マイ　ダイ、chái bàt khreedìt mâi dâi　10.チャン　キアン　パーサー　タイ　マイ　ダイ、chǎn khǐan phaasǎa thai mâi dâi P.110　11.クン　ギン　ラオ　ダイ　マイ？、khun kin lâo dâi mǎi？　12.クン　アーン　キアン　パーサー　タイ　ダイ　マイ？、khun àan khǐan phaasǎa thai dâi mǎi？　13.ナン　ダイ　マイ？、nâŋ dâi mǎi？ P.111　14.ペーン　ニッノイ、phɛɛŋ nítnɔ̀i　15.ペッ　ニッノイ、phèt nítnɔ̀i　16.ギン　ダイ　ニッノイ、kin dâi nítnɔ̀i　17.プーッ　ダイ　ニッノイ、phûut dâi nítnɔ̀i　18.ポム　プーッ　パーサー　チーン　ダイ　ニッノイ、phǒm phûut phaasǎa ciin dâi nítnɔ̀i P.112　19.チャイ、chái　20.ロッ、lót　21.マイ　ダイ、mâi dâi　22.アーユ、aayú　23.ペーン、phɛɛŋ　24.アーン　キアン、àan khǐan

第13課

P.116　1.コー　メーヌー、khɔ̌ɔ meenuu　2.コー　ガーフェー　ローン、khɔ̌ɔ kaafɛɛ rɔ́ɔn　3.コー　ナム　イェン、khɔ̌ɔ nám yen　4.コー　ビア、khɔ̌ɔ bia

P.117　5.ガーフェー　ソーン　ティー、kaafɛɛ sɔ̌ɔŋ thîi　6.カオマンガイ　ヌン　ティー、khâo mankài nùŋ thîi　7.コー　パッタイ　スィー　ティー、khɔ̌ɔ phàtthai sìi thîi　8.コー　ナム　マナーオ　サーム　ティー、khɔ̌ɔ nám mánaao sǎam thîi

第14課

P.121　1.ニー、アロイ　マーク、nîi, arɔ̀i mâak　2.アーハーン　タイ　ペッ　マーク、aahǎan thai phèt mâak　3.ポム　チョープ　ガーフェー　マーク、phǒm chɔ̂ɔp kaafɛɛ mâak　4.チャン　チョープ　カノム　タイ　マーク、chǎn chɔ̂ɔp khanǒm thai mâak P.122　5.チャン　ギン　コーンワーン　レーオ、chǎn kin khɔ̌ɔŋ wǎan lɛ́ɛo　6.ポム　スー　コーンファーク　レーオ、phǒm súɯ khɔ̌ɔŋfàak lɛ́ɛo　7.チャン　イム　レーオ、chǎn ìm lɛ́ɛo　8.ナム　ソム、nám sôm P.123　9.ソムタム、sômtam　10.ナム　ケン、nám khěŋ

194

第15課

P.128 1.ポム ヒウ レーオ、クン ラ？、phǒm hǐw lɛ́ɛo, khun lâ？ 2.トーキアオ、ドゥアン シンハーコム ローン、グルンテープ ラ？、tookiao, dwan sǐŋhǎakhom róon, kruŋthêep lâ？ 3.チャン ヤーク ドゥーム ガーフェー、クン ラ？、chǎn yàak dùɯm kaafɛɛ, khun lâ？ P.129 4.カオ マー ムアン イープン コーソー ソーン パン スィップ、khǎo maa mɯaŋ yîipùn khɔɔ sɔ̌ɔ sɔ̌ɔŋ phan sìp 5.ポー パイ タム ガーン ティー ムアン タイ ポーソー ソーン パン ハー ローイ ハー スィップ ホック、phɔ̂ɔ pai tham ŋaan thîi mɯaŋ thai phɔɔ sɔ̌ɔ sɔ̌ɔŋ phan hâa rɔ́ɔi hâa sìp hòk P.130 6.ワンニー、ワンティー タオライ ドゥアン アライ？、wanníi, wanthîi thâorai dwan arai？ 7.ワンティー スィップ チェッ ドゥアン グムパーパン ポーソー ソーン パン ハー ローイ ホック スィップ エッ、wanthîi sìp cèt dwan kumphaaphan phɔɔsɔ̌ɔ sɔ̌ɔŋ phan hâa rɔ́ɔi hòk sìp èt P.131 8.ドゥアン タンワーコム、dwan thanwaakhom 9.ワン スック、wan sùk 10.ワン プッ、wan phút P.132 11.タンワーコム、than waakhom 12.シンハーコム、sǐŋhǎakhom 13.バイマイプリ、baimáiphlì 14.ミーナーコム、miinaakhom P.133 15.ドゥアン ニー、dwan níi 16.ピー ニー、pii níi

第16課

P.134 1.イ、2.ウ、3.ア、4.イ P.135 5.エ、6.ウ、7.エ、8.エ、9.イ、P.136 10.ウ、11.ウ、12.イ、13. ぼくの誕生日は４月１３日です。ぼくは金曜日に生まれました。ぼくは２０歳です。日本では、４月は春です。ぼくは春が大好きです。今年の夏、ぼくはタイ国へ行きます。ぼくはムエタイを観に行きます。ぼくはムエタイを習いたいです。

第17課

P.144 1.メー トゥーン ホック モーン チャーオ、mɛ̂ɛ tùɯn hòk mooŋ

195

cháao　2.チャン　グラップ　バーン　ハー　モーン　イェン、chǎn klàp bâan hâa mooŋ yen 3.チャン　ノーン　ハー　トゥム、chǎn nɔɔn hâa thûm

P.146　4.ハー　トゥム　トロン、hâa thûm troŋ　5.バーイ　サーム　モーン　クルン、bàai sǎam mooŋ khrûŋ　6.ソーン　トゥム　イー　スィップ　ナーティー、sɔ̌ɔŋ thûm yîi sìp naathii 7.ティアン　クーン　クルン、thîaŋ khɯɯn khrûŋ　8.ティー　サーム　イー　スィップ　ハー　ナーティー、tii sǎam yîi sìp hâa naathii　9.ティアン　クルン、thîaŋ khrûŋ P.147 10.バーイ　サーム　モーン　イー　スィップ　ハー　ナーティー、bàai sǎam mooŋ yîi sìp hâa naathii 11.イェン　ハー　モーン　スィー　スィップ　ハー　ナーティー、yen hâa mooŋ sìi sìp hâa naathii　12.ヌン　トゥム　トロン、nùŋ thûm troŋ P.148 13.チャン　タム　ガーン　タンテー　ワンチャン　トゥン　ワン　スック、chǎn tham ŋaan tâŋtὲɛ wan can thǔŋ wan sùk 14.ポー　タム　ガーン　タンテー　ペーッ　モーン　チャーオ　トゥン　イェン　ハー　モーン　クルン、phɔ̂ɔ tham ŋaan tâŋtὲɛ pὲɛt mooŋ cháao thǔŋ yen hâa mooŋ khrûŋ　15.カオ　ノーン　タンテー　ティー　ヌン　トゥン　チェッ　モーン　チャーオ、khǎo nɔɔn tâŋtὲɛ tii nùŋ thǔŋ cèt mooŋ cháao

第18課

P.153 1.クン　ロッファイ　タイディン、khûn rótfai tâidin　2.ロン　テック スィー、loŋ théksîi　3.ロン　ティー　サナームビン　ハネダ、loŋ thîi sanǎambin haneda P.154 4.ナン　テックスィー　パイ　ローンパヤバーン、nâŋ théksîi pai rooŋphayabaan　5.クン　ロッメー　パイ　ワッ　プラ ゲーオ、khûn rótmee pai wát phrákêɛo 6.クン　ロッファイ　パイ　ボリサッ、khûn rótfai pai bɔrisàt P.155 7.ワン　サオ、トン　パイ　ボリサッ、wan sǎo, tôŋ pai bɔrisàt 8.ロッティッ、トン　チャイ　ターンドゥアン、róttìt, tôŋ chái thaaŋdùan 9.アーティッ　ナー、チャン　トン　グラップ　ムアン　イープン、aathít nâa, chǎn tôŋ klàp mɯaŋ yîipùn P.156 10.マイ　トン

チャイ　テックスィー、mâi tôŋ chái théksîi 11.ワンニー、マイ　トン　タム　アーハーン、wanníi, mâi tôŋ tham aahăan P.157 12.サナームビン、パイ　ヤン　ガイ？、sanăambin, pai yaŋŋai？ 13.タラーッ　ナーム、パイ　ヤン　ガイ？、talàat náam, pai yaŋŋai？ 14.バーン クン、パイ ヤンガイ？、bâan khun, pai yaŋŋai？

第 19 課

P.161 1.チャン　カムラン　ロー　プアン　ユー、chăn kamlaŋ rɔɔ phûan yùu 2.メー　カムラン　タム　アーハーン　ユー、mɛ̂ɛ kamlaŋ tham aahăan yùu 3.ノーンチャーイ　カムラン　タム　ガーンバーン　ユー、nɔ́ɔŋ chaai kamlaŋ kaanbâan yùu 4.ピーサーオ　カムラン　アープナーム　ユー、phîisăao kamlaŋ àapnáam yùu P.162 5.チャン　マー　チャークトーキアオ、chăn maa càak tookiao 6.カオ　マー　チャーク　グルンテープ、khăo maa càak kruŋthêep 7.クン　マー　チャーク　ティナイ？、khun maa càak thînăi 8.チャーク　サナームビン　トゥン　ローンレーム　グライ　マーク、càak sanăambin thŭŋ rooŋrɛɛm klâi mâak 9.コー　パイ　ホン　ナーム　ノイ、khɔ̌ɔ pai hôŋnáam nɔ̀i P.163 10.コードゥー　ナン　ノイ、khɔ̌ɔ duu nân nɔ̀i

第 20 課

P.168 1.ピー　ラ　サーム　クラン、pii lá săam khráŋ 2.コン　ラ　ハー　ローイ　バーッ、khon lá hâa rɔ́ɔi bàat 3.チャン リアン　パーサー タイ　アーティッ　ラ　ソーン　クラン、chăn rian phaasăa thai aathít lá sɔ̌ɔŋ khráŋ 4.ソーン　コン　ペーッ　ローイ　バーッ、sɔ̌ɔŋ khon pɛ̀ɛt rɔ́ɔi bàat 5.ヌアッ ソーン　チュアモーン　ハー　ローイ　バーッ、nûat sɔ̌ɔŋ chûa mooŋ hâa rɔ́ɔi bàat P.169 6.プアッ　コー、pùat khɔɔ 7.チェップ　コー、cèp khɔɔ P.170 8.プアッ　トロンナイ？、pùat troŋnăi？ 9.チェップ　トロンニー、cèp troŋníi 10.チェップ　トロン　ケーン、cèp troŋ khɛ̌ɛn

197

11.ﾇｱｯ　ﾊﾞｵ　ﾊﾞｵ　ﾉｲ、nûat bao bao nòi 12.ﾌﾟｰｯ　ﾁｬｰ　ﾁｬｰ　ﾉｲ、phûut cháa cháa nòi P.171 13.ﾀｰ　ﾍﾟｯ、ｷﾞﾝ　ﾏｲ　ﾀﾞｲ、thâa phèt, kin mâi dâi 14.ﾀｰ　ﾏｰ　ﾏｲ　ﾀﾞｲ、ﾎﾞｰｸ　ﾅ、thâa maa mâi dâi, bɔ̀ɔk ná 15.ﾄﾛﾝﾆｰ、trɔŋníi 16.ﾁｭｱﾓｰﾝ、chûamooŋ 17.ﾗｲ、lài

第 21 課

P.176 1.ﾁｬﾝ　ﾍﾟﾝ　ｶｲﾜｯﾔｲ、chǎn pen khâi wàt yài 2.ﾎﾟｰ　ﾍﾟﾝ　ｸﾜｰﾑﾀﾞﾝ　ﾛｰﾋｯ　ｽｰﾝ、phɔ̂ɔ pen khwaamdan loohìt sǔuŋ P.177 3.ﾎﾟﾑ　ｸﾙｰﾝｻｲ、phǒm khlɯ̂ɯn sâi 4.ﾙｰｸ　ﾄｰﾝ　ｽｨｱ、lûuk thɔ́ɔŋ sǐa P.178 5.ﾒｰ　ﾊﾟｲ　ﾛｰﾝﾊﾟﾔﾊﾞｰﾝ　ﾏｰ、mɛ̂ɛ pai rooŋ phayaabaan maa 6.ﾎﾟﾑ　ﾅﾝ　ﾃｯｸｽｨｰ　ﾏｰ、phǒm nâŋ théksîi maa 7.ﾋﾟｰｻｰｵ　ｽｰ　ﾊﾟｯﾀｲ　ﾏｰ、phîisǎao sɯ́ɯ phàtthai maa P.179 8.ﾁｬﾝ　ｷｯ　ﾜｰ　ｶｵ　ﾏｲ　ｻﾊﾞｰｲ、chǎn khít wâa khǎo mâi sabaai 9.ﾎﾟﾑ　ｷｯ　ﾜｰ　ｶｵ　ﾍﾟﾝ　ｺﾝ　ﾁｰﾝ、phǒm khít wâa khǎo pen khon ciin 10.ﾁｬﾝ　ｷｯ　ﾜｰ　ﾘｱﾝ　ﾊﾟｰｻｰ　ﾀｲ　ｻﾇｯｸ、chǎn khít wâa rian phaasǎa thai sanùk

第 22 課

P.180 1.ウ　2.エ　3.イ　4.エ　5.エ　P.181 6.イ　7.ア　8.イ　P.182 9.イ　10.ア

どのぐらい正解しましたか？
間違えたところは小まめに
復習しましょう。

単語集

日本語	タイ語（カタカナ）	発音記号、タイ文字
アイスコーヒー	ガーフェー イェン	kaafɛɛ yen, กาแฟ เย็น
空いている、暇	ワーン	wâaŋ, ว่าง
赤色	スィー デーン	sǐi dɛɛŋ, สี แดง
秋	ルドゥー バイマイルアン	rɯ́duu baimáirûaŋ, ฤดู ใบไม้ร่วง
朝	チャーオ	cháao, เช้า
足	ターオ	tháao, เท้า
明日	プルンニー	phrûŋníi, พรุ่งนี้
遊びに行く	パイ ティアオ	pai thîao , ไป เที่ยว
遊びに来る	マー ティアオ	maa thîao , มา เที่ยว
遊ぶ、プレイする	レン	lên, เล่น
あだ名、呼び名	チューレン	chɯ̂ɯlên, ชื่อเล่น
頭	フア	hǔa, หัว
頭が痛い	プアッ フア	pùat hǔa, ปวด หัว
暑い、熱い	ローン	rɔ́ɔn, ร้อน
あなた	クン	khun, คุณ
兄	ピーチャーイ	phîichaai, พี่ชาย
姉	ピーサーオ	phîisǎao, พี่สาว
甘い	ワーン	wǎan, หวาน
雨	フォン	fǒn, ฝน
ありがとう	コープクン	khɔ̀ɔpkhun, ขอบคุณ
在る、居る、住む	ユー	yùu, อยู่
ある、いる、持っている	ミー	mii, มี
あれ、あちら	ノーン	nôon, โน่น
家	バーン	bâan, บ้าน
行く	パイ	pai, ไป
いくつ、いくら	タオライ	thâorai, เท่าไร
医者	モー	mɔ̌ɔ, หมอ
痛い	チェップ	cèp, เจ็บ
いつ	ムアライ	mɯ̂arai, เมื่อไร
一緒に～	～ドゥアイ ガン	～dûai kan,～ด้วยกัน
一緒に～しませんか	～ドゥアイ ガン マイ	～dûai kan mǎi, ～ด้วยกัน ไหม
妹	ノーンサーオ	nɔ́ɔŋsǎao, น้องสาว
イヤリング	ターンフー	tàaŋhǔu, ต่างหู
入れる	サイ	sài, ใส่

199

日本語	タイ語（カタカナ）	発音記号、タイ文字
色	スィー	sǐi, สี
インフルエンザにかかる	ペン カイワッヤイ	pen khâiwàt yài, เป็น ไข้หวัด ใหญ่
雨季	ルドゥー フォン	rɯ́duu fǒn, ฤดู ฝน
受け取る、もらう	ラップ	ráp, รับ
歌	プレーン	phleeŋ, เพลง
歌を歌う	ローン プレーン	rɔ́ɔŋ phleeŋ, ร้อง เพลง
家へ帰る	グラップ バーン	klàp bâan, กลับ บ้าน
腕	ケーン	khɛ̌ɛn, แขน
腕時計	ナリカー コームー	naalikaa khɔ̂ɔmɯɯ, นาฬิกา ข้อมือ
生まれる	グーッ	kə̀ət, เกิด
海、海鮮～	タレー	thalee, ทะเล
英～、イギリス	アングリッ	aŋkrìt, อังกฤษ
映画	ナン	nǎŋ, หนัง
駅	サターニー（ロッファイ）	sathǎanii (rótfai), สถานี (รถไฟ)
エメラルド寺院	ワッ プラゲーオ	wát phrákɛ̂ɛo, วัด พระแก้ว
おいしい	アロイ	arɔ̀i, อร่อย
オイルマッサージ	ヌアッ ナムマン	nûat námman, นวด น้ำมัน
大きい	ヤイ	yài, ใหญ่
お菓子	カノム	khanǒm, ขนม
お菓子を作る	タム カノム	tham khanǒm, ทำ ขนม
お勘定をお願いします	キッ グン ドゥアイ	khít ŋən dûai, คิด เงิน ด้วย
起きる	トゥーン	tɯ̀ɯn, ตื่น
遅い、ゆっくり	チャー	cháa, ช้า
お誕生日おめでとう	スックサン ワン グーッ	sùksǎn wan kə̀ət, สุขสันต์ วัน เกิด
お手洗い、トイレ	ホンナーム	hɔ̂ŋnáam, ห้องน้ำ
弟	ノーンチャーイ	nɔ́ɔŋchaai, น้องชาย
お腹	トーン	thɔ́ɔŋ, ท้อง
お腹が痛い	プアッ トーン	pùat thɔ́ɔŋ, ปวด ท้อง
お腹がいっぱい	イム	ìm, อิ่ม
お腹が空いた	ヒウ	hǐw, หิว
お腹を壊した	トーン スィア	thɔ́ɔŋ sǐa, ท้อง เสีย
お土産	コーンファーク	khɔ̌ɔŋfàak, ของฝาก
おもちゃ	コーン レン	khɔ̌ɔŋ lên, ของ เล่น
降りる	ロン	loŋ, ลง
オレンジ色	スィー ソム	sǐi sôm, สี ส้ม
オレンジジュース	ナム ソム	nám sôm, น้ำ ส้ม
回	クラン	khráŋ, ครั้ง

日本語	タイ語（カタカナ）	発音記号、タイ文字
会社	ボリサッ	bɔrisàt, บริษัท
会社員	パナックガーン　ボリサッ	phanákŋaan bɔrisàt, พนักงาน บริษัท
海鮮料理	アーハーン　タレー	aahăan thálee, อาหาร ทะเล
買う	スー	sɯ́ɯ, ซื้อ
帰る	グラップ	klàp, กลับ
牡蠣	ホイナーンロム	hŏinaaŋrom, หอยนางรม
書く	キアン	khĭan, เขียน
学生、生徒	ナックリアン	nákrian, นักเรียน
風邪をひく	ペン　ワッ	pen wàt ,เป็น หวัด
肩	ライ	lài, ไหล่
学校	ローンリアン	rooŋrian, โรงเรียน
学校へ行く	パイ　ローンリアン	pai rooŋrian, ไป โรงเรียน
から（時間）	タンテー	tâŋtɛ̀ɛ, ตั้งแต่
から（場所）	チャーク	càak, จาก
辛い	ペッ	phèt, เผ็ด
軽く	バオ	bao, เบา
彼、彼女	カオ	khăo, เขา
かわいい	ナーラック	nâarák, น่ารัก
簡単な	ガーイ	ŋâai, ง่าย
黄色	スィー　ルアン	sĭi lɯ̌aŋ, สี เหลือง
聴く、聞く	ファン	faŋ, ฟัง
季節	ルドゥー	rɯ́duu, ฤดู
昨日	ムアワーンニー	mɯ̂awaanníi, เมื่อวานนี้
脚	カー	khăa, ขา
休日	ワン　ユッ	wan yùt, วัน หยุด
今日	ワンニー	wanníi, วันนี้
きょうだい	ピーノーン	phîinɔ́ɔŋ, พี่ น้อง
今日の夕方	イェンニー	yen níi, เย็นนี้
去年	ピー　ティレーオ	pii thîilɛ́ɛo, ปี ที่แล้ว
きれいな、美しい	スアイ	sŭai, สวย
具合が悪い	マイ　サバーイ	mâi sabaai, ไม่ สบาย
空港	サナームビン	sanăambin, สนามบิน
薬	ヤー	yaa, ยา
果物	ポンラマーイ	phŏnlamáai, ผลไม้
靴	ローンターオ	rɔɔŋ tháao, รองเท้า
靴下	トゥンターオ	thŭŋ tháao, ถุงเท้า
国	ムアン	mɯaŋ, เมือง

日本語	タイ語（カタカナ）	発音記号、タイ文字
首、肩マッサージ	ヌアッ　コー、ライ	nûat khɔɔ, lài　นวด คอ ไหล่
首、喉	コー	khɔɔ, คอ
来る	マー	maa, มา
車	ロッ	rót, รถ
クレジットカード	バッ　クレーディッ	bàt khreedìt, บัตร เครดิต
元気	サバーイ　ディー	sabaai dii, สบาย ดี
言語、〜語	パーサー	phaasǎa, ภาษา
恋人	フェーン	fɛɛn, แฟน
高架鉄道BTS	ロッファイファー　BTS	rótfaifáa BTS, รถไฟฟ้า BTS
高血圧	クワームダン　ロー　ヒッ　スーン	khwaamdan loohìt sǔuŋ, ความดัน โลหิต สูง
高速道路	ターンドゥアン	thaaŋdùan, ทางด่วน
コーヒー	ガーフェー	kaafɛɛ, กาแฟ
氷	ナム　ケン	nám khěŋ, น้ำ แข็ง
ここ	ティニー	thînîi, ที่นี่
午後	バーイ	bàai, บ่าย
ここ（狭い範囲を指す）	トロンニー	troŋníi, ตรงนี้
腰	エオ、サポーク	eo, sàphôok, เอว, สะโพก
今年	ピー　ニー	pii níi, ปี นี้
子供	ルーク	lûuk, ลูก
この〜	〜ニー	~níi, ~นี้
ご飯	カーオ	khâao, ข้าว
ご飯を食べる	ギン　カーオ	kin khâao, กิน ข้าว
ごめんなさい、すみません	コートーッ	khɔ̌ɔthôot, ขอโทษ
これ、こちら	ニー	nîi, นี่
今〜	〜ニー	~níi, ~นี้
今月	ドゥアン　ニー	dwan níi, เดือน นี้
今週	アーティッ　ニー	aathít níi, อาทิตย์ นี้
こんにちは、さようなら	サワッディー	sawàtdii, สวัสดี
〜歳（類別詞）	〜ピー	~pii, ~ปี
先〜、〜前	〜ティレーオ	~thîlɛ́ɛo, ~ที่แล้ว
昨晩、昨夜	ムアクーンニー	mûakhwwn níi, เมื่อคืน นี้
酒	ラオ	lâo, เหล้า
冊（本の類別詞）	レム	lêm, เล่ม
サッカー	フッボン	fútbɔn, ฟุตบอล
サッカーをする	レン　フッボン	lên fútbɔɔn, เล่น ฟุตบอล
寒い	ナーオ	nǎao, หนาว
皿、〜皿	チャーン	caan, จาน

日本語	タイ語（カタカナ）	発音記号、タイ文字
～時（類別詞）	～モーン	～mooŋ, ～โมง
しかし、けれど	テー	tɛ̀ɛ, แต่
時間（類別詞）	チュアモーン	chûamooŋ, ชั่วโมง
仕事	ガーン	ŋaan, งาน
仕事する、働く	タム　ガーン	tham ŋaan, ทำ งาน
市場	タラーッ	talàat, ตลาด
～したい	ヤーク～	yàak～, อยาก～
している最中	ガムラン～ユー	kamlaŋ～yùu, กำลัง～อยู่
自転車	チャクラヤーン	càkkrayaan, จักรยาน
～しなくてもよい	マイ　トン～	mâi tôŋ～, ไม่ ต้อง～
～しなければならない	トン～	tôŋ～, ต้อง～
じゃ	ガン	ŋán, งั้น
週	アーティッ	aathít, อาทิตย์
渋滞	ロッ ティッ	rót tìt, รถ ติด
宿題	ガーンバーン	kaanbâan, การบ้าน
宿題をする	タム　ガーンバーン	tham kaanbâan, ทำ การบ้าน
紹介する	ネナム	nɛ́nam, แนะนำ
正午	ティアン	thîaŋ, เที่ยง
上手	ゲン	kèŋ, เก่ง
食中毒	アーハーン ペンピッ	aahǎan penphít, อาหาร เป็นพิษ
寝室	ホンノーン	hɔ̂ŋnɔɔn, ห้องนอน
蕁麻疹になる	ペン ロムピッ	pen lomphít, เป็น ลมพิษ
水泳する	ワーイナーム	wâaináam, ว่ายน้ำ
水上マーケット	タラーッ ナーム	talàat náam, ตลาด น้ำ
スカート	グラプローン	kràprooŋ, กระโปรง
スカーフ	パーパンコー	phâaphankhɔɔ, ผ้าพันคอ
ズキズキ痛い	プアッ	pùat ,ปวด
好く、好き	チョープ	chɔ̂ɔp, ชอบ
少し～	～ニッノイ	～nítnɔ̀i, ～นิดหน่อย
ズボン	ガーンゲーン	kaaŋkeeŋ, กางเกง
する、作る	タム	tham, ทำ
生、新鮮な	ソッ	sòt, สด
清潔な	サアーッ	sa-àat, สะอาด
西暦	コーソー	khɔɔ rɔ̌ɔ, ค.ศ.
咳をする	アイ	ai, ไอ
背中	ラン	lǎŋ, หลัง
狭い	ケープ	khɛ̂ɛp, แคบ
～線（電車）、～番（バス）	サーイ～	sǎai～, สาย～

日本語	タイ語（カタカナ）	発音記号、タイ文字
先月	ドゥアン ティレーオ	dɯan thîlɛ́ɛɔ, เดือน ที่แล้ว
先週	アーティッ ティレーオ	aathít thîlɛ́ɛɔ, อาทิตย์ ที่แล้ว
先週の月曜日	ワン チャン ナー	wan can nâa, วัน จันทร์ หน้า
先生（教師）	クルー	khruu, ครู
先生（講師、大学教員）	アーチャーン	aacaan, อาจารย์
全部	タンモッ	tháŋmòt, ทั้งหมด
それ、そちら	ナン	nân, นั่น
タイ	タイ	thai, ไทย
～台（車の類別詞）	～カン	khan～, คัน～
大学	マハーウィッタヤーライ	mahǎawítthayaalai, มหาวิทยาลัย
大学生	ナックスックサー	náksɯ̀ksǎa, นักศึกษา
大学の友達	プアン ティー マハーウィッタ ヤーライ	phɯ̂an thîi mahǎawítthayaalai, เพื่อน ที่ มหาวิทยาลัย
タイ旧正月（ソンクラーン）	ワン ソンクラーン	wan sǒŋkraan, วัน สงกรานต์
タイ舞踊	ラム タイ	ram thai, รำ ไทย
タクシー	テックスィー	théksîi, แท็กซี่
楽しい	サヌック	sanùk, สนุก
食べ物	コーン ギン	khǒoŋ kin, ของ กิน
食べる、飲む	ギン	kin, กิน
食べる、飲む（丁寧語）	ラップラターン、ターン	ráppràthaan, thaan รับประทาน, ทาน
誕生日	ワン グーッ	wan kə̀ət, วัน เกิด
小さい	レック	lék, เล็ก
近い	グライ	klâi, ใกล้
地下鉄	ロッファイ タイディン	rótfai tâidin, รถไฟ ใต้ดิน
地下鉄MRT	ロッファイファー タイディン MRT	rótfaifáa tâidin MRT, รถไฟฟ้า ใต้ดิน MRT
父	ポー	phɔ̂ɔ, พ่อ
中国	チーン	ciin, จีน
ちょうど	トロン	troŋ, ตรง
ちょっと～	～ノイ	～nɔ̀i, ～หน่อย
使う	チャイ	chái, ใช้
月	ドゥアン	dɯan, เดือน
伝える、言う	ボーク	bɔ̀ɔk, บอก
冷たい水	ナム イェン	nám yen, น้ำ เย็น
強く	レーン	rɛɛŋ, แรง
手	ムー	mɯɯ, มือ
低血圧	クワームダン ローヒッ タム	khwaamdan loohìt tàm, ความดัน โลหิต ต่ำ

日本語	タイ語（カタカナ）	発音記号、タイ文字
Tシャツ	スア ユーッ	sûa yûɯt, เสื้อ ยืด
〜できる	〜ダイ	〜dâi, 〜ได้
デザート	コーンワーン	khɔ̌ɔŋwǎan, ของหวาน
〜ですか、〜ますか	〜マイ	〜mǎi, 〜ไหม
ですか、ますか	ループラオ	rɯ̌ɯplàao, หรือเปล่า
デパート	ハーン	hâaŋ, ห้าง
寺	ワッ	wát, วัด
テレビを見る	ドゥー ティーウィー	duu thiiwii, ดู ทีวี
電車	ロッファイ	rótfai, รถไฟ
〜と〜	〜ガップ〜	〜kàp〜, 〜กับ〜
東京	トーキアオ	tookiao, โตเกียว
トゥクトゥク	ロッ トゥクトゥク	rót túktúk, รถ ตุ๊กๆ
どうしましたか	ペン アライ	pen arai, เป็น อะไร
どうぞ	チューン	chəən, เชิญ
遠い	グライ	klai, ไกล
〜と思う	キッ ワー〜	khít wâa〜, คิด ว่า〜
どこ	ティナイ	thînǎi, ที่ไหน
どこ（狭い範囲を指す）	トロンナイ	troŋnǎi, ตรงไหน
とても、たくさん	マーク	mâak, มาก
どのように〜	〜ヤンガイ	〜yaŋŋai, 〜ยังไง
トムヤムクン	トムヤムクン	tômyamkûŋ, ต้มยำกุ้ง
友達	プアン	phɯ̂an, เพื่อน
友達たち	プアン プアン	phɯ̂an phɯ̂an, เพื่อนๆ
中の方	カーンナイ	khâaŋnai, ข้างใน
夏	ルドゥー ローン	rɯ́duu rɔ́ɔn, ฤดู ร้อน
何	アライ	arai, อะไร
何曜日	ワン アライ	wan arai, วัน อะไร
〜なの？	〜ルー	〜rɯ̌ɯ, 〜หรือ
名前、〜という名前	チュー	chɯ̂ɯ, ชื่อ
生牡蠣	ホイナーンロム ソッ	hɔ̌inaaŋrom sòt, หอยนางรม สด
生ビール	ビア ソッ	bia sòt, เบียร์ สด
何〜（数をたずねる）	ギー〜	kìi〜, กี่〜
何歳	アーユ タオライ	aayú thâorai, อายุ เท่าไร
何日	ワンティー タオライ	wanthîi thâorai, วันที่ เท่าไร
何日間	ギー ワン	kìi wan, กี่ วัน
に、〜で	ティー	thîi, ที่
二、三年前	ソーン サーム ビー ティレーオ	sɔ̌ɔŋ sǎam pii thîlɛ́ɛo, สองสาม ปี ที่แล้ว
日本	イープン	yîipùn, ญี่ปุ่น

日本語	タイ語（カタカナ）	発音記号、タイ文字
〜ね、〜よ	〜ナ	〜ná, 〜นะ
値段が高い	ペーン	phɛɛŋ, แพง
値段が安い	トゥーク	thùuk, ถูก
ネックレス	ソイ　コー	sôikhɔɔ, สร้อย คอ
寝る	ノーン	nɔɔn, นอน
年	ピー	pii, ปี
年齢	アーユ	aayú, อายุ
飲み物	クルアンドゥーム	khrɯ̂aŋ dɯ̀ɯm, เครื่องดื่ม
飲む	ドゥーム	dɯ̀ɯm, ดื่ม
乗る、座る	クン、ナン	khɯ̂n, nâŋ, ขึ้น, นั่ง
〜は？	〜ラ？	〜lâ？, 〜ละ
は〜である	ペン	pen, เป็น
〜バーツ	〜バーツ	〜bàat, 〜บาท
パーティー	ガーンリアン	ŋaanlíaŋ, งานเลี้ยง
バイク	モートァーサイ	mɔɔtəəsai, มอเตอร์ไซค์
吐き気がする	クルーンサイ	khlɯ̂ɯnsâi, คลื่นไส้
嘔吐	アーチアン	aacian, อาเจียน
バス	ロッメー	rótmee, รถเมล์
バッグ、かばん	グラパオ	kràpǎo, กระเป๋า
話す	プーッ	phûut, พูด
母	メー	mɛ̂ɛ, แม่
パパイヤサラダ	ソムタム	sômtam, ส้มตำ
早い、速い	レオ	reo, เร็ว
春	ルドゥー　バイマイプリ	rɯ́duu baimáiphlì, ฤดู ใบไม้ผลิ
〜半	〜クルン	〜khrɯ̂ŋ, 〜ครึ่ง
バンコク	グルンテープ	kruŋthêep, กรุงเทพฯ
日	ワン	wan, วัน
ピアノを弾く	レン　ピアノー	lên pianoo, เล่น เปียโน
ビール	ビア	bia, เบียร์
飛行機	クルアンビン	khrɯ̂aŋbin, เครื่องบิน
否定語	マイ	mâi, ไม่
人、〜人	コン	khon, คน
1つにつき〜	ラ	lá, ละ
病院	ローンパヤバーン	rooŋphayabaan, โรงพยาบาล
広い	グワーン	kwâaŋ, กว้าง
ピンク色	スィー　チョムプー	sǐi chomphuu, สี ชมพู
フットマッサージ	ヌアッ　ターオ	nûat tháo, นวด เท้า
仏歴	ポーソー	phɔɔ sɔ̌ɔ, พ.ศ.

日本語	タイ語（カタカナ）	発音記号、タイ文字
船着き場、港	târw̄a	thâarwa, ท่าเรือ
船	ルア	rwa, เรือ
冬	ルドゥー　ナーオ	rɯ́duu nǎao, ฤดู หนาว
ブラウス、シャツ	スア	sŵa, เสื้อ
プレゼント	コーンクワン	khɔ̌ɔŋkhwǎn, ของขวัญ
風呂に入る、シャワーを浴びる	アープナーム	àapnáam, อาบน้ำ
～分（類別詞）	～ナーティー	～naathii, ～นาที
（人を）尋ねる	パイ　ハー～	pai hǎa～, ไป หา～
ベッド	ティアン	tiaŋ, เตียง
部屋	ホン	hɔ̂ŋ, ห้อง
勉強する	リアン	rian, เรียน
帽子	ムアック	mùak, หมวก
ぼく、わたし（男性）	ポム	phǒm, ผม
ボディーマッサージ	ヌアット　トゥア	nûat tua, นวด ตัว
ホテル	ローンレーム	rooŋrɛɛm, โรงแรม
本	ナンスー	nǎŋsɯ̌ɯ, หนังสือ
本当	チン	ciŋ, จริง
本を読む	アーン　ナンスー	àan nǎŋsɯ̌ɯ, อ่าน หนังสือ
またいらしてくださいね	マー　マイ　ナ	maa mài ná, มา ใหม่ นะ
待つ	ロー	rɔɔ, รอ
マッサージする	ヌアッ	nûat, นวด
マッサージ屋	ラーン　ヌアッ	ráan nûat, ร้าน นวด
まで、に着く	トゥン～	thǔŋ, ถึง
マンゴー	マムアン	mámûaŋ, มะม่วง
短い間	サックルー	sákkhrûu, สักครู่
水	ナーム	náam, น้ำ
水色	スィー　ファー	sǐi fáa, สี ฟ้า
店	ラーン	ráan, ร้าน
店で使う類別詞	～ティー	～thîi, ～ที่
道、通り	タノン	thanǒn, ถนน
緑色	スィー　キアオ	sǐi khǐao, สี เขียว
苗字、～という苗字	ナームサクン	naamsakun, นามสกุล
未来形助動詞	チャ～	cà～, จะ～
観る、見る	ドゥー	duu, ดู
ムエタイ	ムアイ　タイ	muai thai, มวย ไทย
難しい	ヤーク	yâak, ยาก
息子	ルークチャーイ	lûukchaai, ลูกชาย
娘	ルークサーオ	lûuksǎao, ลูกสาว
紫色	スィー　ムアン	sǐi mûaŋ, สี ม่วง

日本語	タイ語（カタカナ）	発音記号、タイ文字
メーターを押してください	ゴッ ミトァー ドゥアイ	kòt mítêə dûai, กด มิเตอร์ ด้วย
メガネ	ウェンター	wêntaa, แว่นตา
メニュー	メーヌー	meenuu, เมนู
もう〜、すでに〜	〜レーオ	~lέɛo, ~แล้ว
も同じように〜だ	…ゴー〜ムアンガン	···kɔ̂~mǔankan, ···ก็~เหมือนกัน
もしも、たら	ター〜	thâa, ถ้า
物	コーン	khɔ̌ɔŋ, ของ
安くする、値引きする	ロッ	lót, ลด
休む、止まる	ユッ	yùt, หยุด
薬局	ラーン カーイ ヤー	ráan khǎai yaa, ร้าน ขาย ยา
夕方	イェン	yen, เย็น
読み書き	アーン キアン	àan khǐan, อ่าน เขียน
読む	アーン	àan, อ่าน
来〜、次の〜	〜ナー	~nâa, ~หน้า
来月	ドゥアン ナー	dɯan nâa, เดือน หน้า
来週	アーティッ ナー	aathít nâa, อาทิตย์ หน้า
来年	ピー ナー	pii nâa, ปี หน้า
領収書	バイセッ	baisèt, ใบเสร็จ
両親	ポーメー	phɔ̂ɔmɛ̂ɛ, พ่อแม่
料理	アーハーン	aahǎan, อาหาร
料理を作る	タム アーハーン	tham aahǎan, ทำ อาหาร
レストラン	ラーン アーハーン	ráan aahǎan, ร้าน อาหาร
路地	ソーイ	sɔɔi, ซอย
わたし（女性）	チャン	chǎn, ฉัน
〜をください	コー	khɔ̌ɔ, ขอ
0	スーン	sǔun, ศูนย์
1	ヌン	nɯ̀ŋ, หนึ่ง
2	ソーン	sɔ̌ɔŋ, สอง
3	サーム	sǎam, สาม
4	スィー	sìi, สี่
5	ハー	hâa, ห้า
6	ホック	hòk, หก
7	チェッ	cèt, เจ็ด
8	ペーッ	pὲɛt, แปด
9	ガーオ	kâao, เก้า
10	スィップ	sìp, สิบ
11	スィップ エッ	sìp èt, สิบ เอ็ด
20	イー スィップ	yîi sìp, ยี่ สิบ

日本語	タイ語（カタカナ）	発音記号、タイ文字
21	イー スィップ エッ	yîi sìp èt, ยี่ สิบ เอ็ด
30	サーム スィップ	sǎam sìp, สาม สิบ
40	スィー スィップ	sìi sìp, สี่ สิบ
50	ハー スィップ	hâa sìp, ห้า สิบ
60	ホック スィップ	hòk sìp, หก สิบ
70	チェッ スィップ	cèt sìp, เจ็ด สิบ
80	ペーッ スィップ	pɛ̀ɛt sìp, แปด สิบ
90	ガーオ スィップ	kâao sìp, เก้า สิบ
100	ヌン ローイ	nɯ̀ŋ rɔ́ɔi, หนึ่ง ร้อย
1,000	ヌン パン	nɯ̀ŋ phan, หนึ่ง พัน
10,000	ヌン ムーン	nɯ̀ŋ mɯ̀ɯn, หนึ่ง หมื่น
100,000	ヌン セーン	nɯ̀ŋ sɛ̌ɛn, หนึ่ง แสน
1,000,000	ヌン ラーン	nɯ̀ŋ láan, หนึ่ง ล้าน
午前1時	ティー ヌン	tii nɯ̀ŋ, ตี หนึ่ง
午前2時	ティー ソーン	tii sɔ̌ɔŋ, ตี สอง
午前3時	ティー サーム	tii sǎam, ตี สาม
午前4時	ティー スィー	tii sìi, ตี สี่
午前5時	ティー ハー	tii hâa, ตี ห้า
午前6時	ホック モーン チャーオ	hòk mooŋ cháao, หก โมง เช้า
午前7時	チェッ モーン チャーオ	cèt mooŋ cháao, เจ็ด โมง เช้า
午前8時	ペーッ モーン チャーオ	pɛ̀ɛt mooŋ cháao, แปด โมง เช้า
午前9時	ガーオ モーン チャーオ	kâao mooŋ cháao, เก้า โมง เช้า
午前10時	スィップ モーン チャーオ	sìp mooŋ cháao, สิบ โมง เช้า
午前11時	スィップ エッ モーン チャーオ	sìp èt mooŋ cháao, สิบ เอ็ด โมง เช้า
正午	ティアン	thîaŋ, เที่ยง
午後1時	バーイ（ヌン）モーン	bàai (nɯ̀ŋ) mooŋ, บ่าย (หนึ่ง) โมง
午後2時	バーイ ソーン モーン	bàai sɔ̌ɔŋ mooŋ, บ่าย สอง โมง
午後3時	バーイ サーム モーン	bàai sǎam mooŋ, บ่าย สาม โมง
午後4時	スィー モーン イェン	sìi mooŋ yen, สี่ โมง เย็น
午後5時	ハー モーン イェン	hâa mooŋ yen, ห้า โมง เย็น
午後6時	ホック モーン イェン	hòk mooŋ yen, หก โมง เย็น
午後7時	ヌン トゥム	nɯ̀ŋ thûm, หนึ่ง ทุ่ม
午後8時	ソーン トゥム	sɔ̌ɔŋ thûm, สอง ทุ่ม
午後9時	サーム トゥム	sǎam thûm, สาม ทุ่ม
午後10時	スィー トゥム	sìi thûm, สี่ ทุ่ม
午後11時	ハー トゥム	hâa thûm, ห้า ทุ่ม
午前0時	ティアン クーン	thîaŋ khɯɯn, เที่ยง คืน
何時	ギー モーン	kìi mooŋ, กี่ โมง

日本語	タイ語（カタカナ）	発音記号、タイ文字
1月	マカラーコム	mákaraakhom, มกราคม
2月	グムパーパン	kumphaaphan, กุมภาพันธ์
3月	ミーナーコム	miinaakhom, มีนาคม
4月	メーサーヨン	meesǎayon, เมษายน
5月	プルッサパーコム	phrɯ́tsaphaakhom, พฤษภาคม
6月	ミトゥナーヨン	míthùnaayon, มิถุนายน
7月	カラッカダーコム	karákadaakhom, กรกฎาคม
8月	シンハーコム	sǐŋhǎakhom, สิงหาคม
9月	カンヤーヨン	kanyaayon, กันยายน
10月	トゥラーコム	tùlaakhom, ตุลาคม
11月	プルッサチカーヨン	phrɯ́tsacìkaayon, พฤศจิกายน
12月	タンワーコム	thanwaakhom, ธันวาคม

中島マリン

早稲田大学第一文学部卒業。タイ人と日本人の両親を持ち、タイ語・日本語ともにネイティブで各種国際会議通訳、司法通訳などを務める。成蹊大学、東京外国語大学オープンアカデミー、NHK文化センターなどのタイ語講師。映画鑑賞やお絵描きが趣味。著書『挫折しないタイ文字レッスン』、『タイのしきたり』『間違いだらけのタイ語』（共著）など。

ナタヤ・ヤマカノン・リンチ　Nataya Yamakanon Lynch

チュラーロンコーン大学文学部卒業。日本貿易振興機構バンコク事務所や藤沢いすゞ自動車（株）で通訳や翻訳を経た後、国際協力機構（JICA）、各高等学校、東京外国語大学、NHK文化センターなどでタイ語講師として約30年間務める。現在は、スコットランドのアバディーン市に在住。趣味のガーデニングやタイ料理を楽しみながら、タイ関連の仕事に従事している。

シエラー・シェーファー　Sierra Schaefer

タイ人とベルギー人の両親を持ち、フランスの Lycée international de Saint-Germain-en-Laye 校に在席する高校2年生。趣味はホッケー、ピアノの演奏、読書やお絵描きなど。

イラスト……中島マリン／シエラー・シェーファー
写真………中島マリン

ひとりで学べるタイ語レッスン

初版第1刷発行　2023年2月20日
定価　2500円＋税

著　　者……中島マリン／ナタヤ・ヤマカノン・リンチ
装　　幀……臼井新太郎
発行者……桑原晨
発　　行……株式会社めこん
　　　　　〒113-0033 東京都文京区本郷3-7-1
　　　　　電話……03-3815-1688　FAX……03-3815-1810
　　　　　ホームページ……http://www.mekong-publishing.com
印刷・製本……株式会社太平印刷社

ISBN978-4-8396-0300-7 C0387　￥2500E
0387-1609300-8347

CD
吹き込み………中島マリン／ポンパシン・ヨッタカンクン／水月優希
録音・編集……一般財団法人 英語教育協議会（ELEC）

タイ語で出そう! グリーティングカード

中島マリン

定価2500円＋税　B5判・142ページ

タイ語のグリーティングカード文例集。この本のとおりに写すだけで素敵なカードの出来上がり。カードを出したいけれどタイ文字はよくわからないし、タイのしきたりやお約束事もぜんぜん知らないという人にぴったりです。

間違いだらけのタイ語

中島マリン・吉川由佳著・赤木攻監修

定価2500円＋税　A5判・336ページ

日本人のタイ語学習者が共通しておかす間違いを整理し、正しい表現がマスターできるように工夫した画期的なタイ語の独習書。タイ語の実力が確実にアップします。

タイ語読解力養成講座

赤木攻 監修
野津幸治・佐藤博史・宮本マラシー著

定価2800円＋税　A5判・274ページ

タイ文字による「読み書き」を習得することを目的に作成された本格的な中級者向けテキスト。短い文章の音読から始め、次第に文字と韻と声調のルールが身につくようになっています。

プリヤーのタイ語会話

インカピロム・プリヤー/水野潔

定価2500円＋税　A5判・408ページ
＜別売CD＞定価2500円＋税　3枚組

タイ人の言語学者と日本人のベテランタイ語教師のコンビによる本格的な独習書。実際に役に立つ「会話」をマスターすることを目的にし、文法等の説明はほとんどありません。豊富な練習問題で、考えるより慣れることです。

教科書タイ語

柿崎一郎

定価2500円＋税　A5判・234ページ

「読み・書き」から始める「オーソドックスなタイ語学習書」の決定版。少しずつタイ文字の読み方・書き方を練習しながら、基本単語と文法を学んでいきます。

タイ語上級講座　読解と作文

宮本マラシー

定価2500円＋税　A5判・340ページ

「タイ語の基礎は学んだ。もうひとつ上のレベルに行きたい」という方に。大阪外国語大学で実際に使ってきた各種のテキストを整理。長文読解、文法＆表現、練習問題という構成です。

タイのしきたり

中島マリン

定価2000円＋税　四六判・242ページ

タイ人と付き合う時にはこれだけは知っておきたい…。タイの習慣、マナー、冠婚葬祭、祝祭日など、タイで暮らすための「常識」をわかりやすく解説しました。

タイの基礎知識

柿崎一郎

定価2000円＋税　A5判・248ページ

一気に読めるタイ概説です。「自然と地理」「タイの歴史」「タイに住む人々」「政治と行政」「経済と産業」「国際関係」「日タイ関係の変遷」「タイの社会」「対立の構図」「タイの15人」など。

タイ仏教入門

石井米雄

定価1800円＋税　四六判・208ページ

タイで上座部仏教が繁栄しているのはなぜでしょうか?若き日の僧侶体験をもとに東南アジア研究の碩学がタイ仏教の構造をわかりやすく解き明かした名著。

タイ事典

日本タイ学会編

定価5000円＋税　A4判・556ページ

タイ研究者140名が総力をあげて作りあげました。執筆項目830──政治、地理、歴史、経済、国際関係、ポップカルチャーなど、タイに関するあらゆる事項を網羅。概論や統計、資料、文献案内も充実しています。タイ文字の見出し付き。